這樣學超好玩．
第一本

U0050240

親子互動
數學遊戲

多年在首爾江南區擔任老師的我，最關注的科目就是「數學」。因為我看過許多在其他科目表現優異的孩子，唯獨在數學方面栽了跟斗，甚至有很多孩子進入高年級後就完全放棄數學，導致對其他科目也失去信心，成績一落千丈。身為老師的我十分好奇這樣的狀況為何會反覆發生。

隨著執教經驗的累積以及在自己養育孩子的過程中，我漸漸有了體會——我發現在就讀國小前就對數學有興趣，而且願意親近數學的孩子，能在學校生活取得出色的成果，甚至連其他科目也有良好表現。數學能培養解決問題的能力，也成為在任何學習上都能打好基礎的助力。這正是我認為父母必須幫助孩子學好數學的最大原因。

想學好數學，首要之務就是「願意親近數學」！
在學齡前，「親子互動數學遊戲」就是解答。

隨著孩子的成長，父母會越想越多。當孩子脫離連一張衛生紙都能玩的嬰兒時期，大約到五歲，慢慢具備語言邏輯能力，對數字產生興趣，各方面都急遽發展的時候，爸媽的擔憂也更加明顯。

「現在孩子都玩膩五感遊戲了，是不是該給他別的東西？」「應該提早讓他做練習測驗卷嗎？可是太早開始，又怕孩子會覺得厭煩……」「有什麼好方法能把數學學好呢？」當各種煩惱接踵而至，請務必記得——孩子願意親近數學比什麼都重要！

在教育現場能明確知道一個道理：哪怕孩子對數學有一絲絲恐懼、負擔或壓力，都絕對不可能學得好。（我們只需回想一下自己的學生時期，應該就能瞭解。）

所以，我想提醒爸爸媽媽們，讓孩子對數學有正面的想法，而且讓孩子喜歡數學絕對是學好數學的不二法門。因此，請在家中親自實踐看看這套日常就能玩的「親子互動數學遊戲」，保證效果滿分！

**準備很簡單、遊戲很好玩、學習效果顯著，
生活數學遊戲讓孩子和父母都幸福起來！**

相信大多數人都很茫然，不知道「親子互動數學遊戲」要怎麼進行？接觸過市面上其他數學遊戲書的爸媽們，是否有許多「嘗試失敗」的經驗呢？我聽過許多無奈的案例，像是花費許多時間和心力準備，結果孩子可能興趣缺缺；或是因為遊戲中要購買及要動手做的道具太多而倍感艱辛。先不論用這種方式玩數學，能不能有良好的成效，但如果已經因為「跟孩子玩」這件事感到吃力，就絕對不是一個好的教育方式。

本書《這樣學超好玩！第一本親子互動數學遊戲》是這樣設計的：

✳ 學完五感遊戲的孩子可以立刻玩這本遊戲書。我嚴選了多種趣味盎然的遊戲，就算爸媽們沒有加以督促，五到七歲的孩子也能理解並反覆操作。

✳ 我介紹的是能夠在日常生活中，「自然而然」熟悉數學的遊戲。全書揚棄那些會讓孩子疏遠數學的灌輸式學習。

✳ 遊戲皆採用生活中隨手可得的物品，準備起來十分簡單！只要利用生活用品，甚至完全不需要任何道具就能玩，更不需要那些常常需要大人動手協助的教具。

✳ 每個遊戲都詳細標註教育意義、學習目標，以及能啟發孩子的哪種能力。請配合孩子的程度來選擇遊戲即可。

✳ 這套遊戲背後的數學概念，緊密貫穿了幼兒園和小一、小二的數學。同時能彌補轉換教育環境時可能產生的銜接斷層，或家庭教育的不足之處。

✳ 附上連數學不好的大人也能陪玩的簡易指引，每個遊戲皆有親切又簡單的步驟說明，爸媽們完全不需要擔心。

「準備很簡單、遊戲很好玩、學習效果顯著」是我引以自豪的優點，因為這絕對是一套能讓孩子和父母面對數學時，都能感到幸福的學前教育方式。按照本書的步驟來玩數學遊戲，將能看見孩子滿足的神情，同時還能提升親子互動的品質，甚至還能進一步期待孩子對數學抱有熱情，快樂地進入小學生涯！

目錄

作者的話 • 2

前導篇 先「了解數學」才能成為好朋友

我決定推廣「生活數學」的原因 • 10

數學的學習階段＆本書銜接用法 • 13

孩子如何發展數學領域的能力？ • 22

五大數學領域的遊戲重點 • 28

Part 1 用「生活物品」就能玩的數學遊戲

01 如果是五隻小豬的話？ • 38

02 還缺多少才是5？ • 40

03 在家用報紙打雪仗 • 42

04 雞蛋盒好好玩① • 44

05 玩偶消失了嗎？ • 46

06 找出能湊成10的搭檔吧 • 48

07 邊吃邊玩！用孩子的零食玩數字 • 50

08 雞蛋盒好好玩② • 52

09 像選手一樣射靶 • 54

10 釣起數字魚 • 56

11 彈珠滾數字山洞 • 58

12 我們家的超市開張囉！ • 60

13 兩隻兔子需要幾根紅蘿蔔呢？ • 62

14 蔬菜的創作遊戲 • 64

15 用吸管吹「三角形、四邊形」泡泡 • 66

16 滾動積木的創意畫作 • 68

17 找出躲在家裡的立體圖形 • 70

18 用積木做出對稱圖形 • 72

19 你能堆出跟我一樣的形狀嗎？• 74

20 方塊積木版的四子棋 • 76

21 這是什麼圖形的角角呢？• 78

22 **疊疊樂！四邊形和三角形** • 80

23 立體圖形的影子遊戲 • 82

24 比一比，哪條報紙更長？• 84

25 誰比較重？翹翹板知道！• 86

26 爸爸的腳比媽媽的腳大嗎？• 88

27 好漂亮！按照順序串水果 • 90

28 用最愛的零食做出獨一無二的項鍊 • 92

29 我是小小書店員 • 94

Part 2 準備好「紙跟筆」
就能玩的數學遊戲

01 數字躲貓貓① • 98

02 數字戒指的手指遊戲！• 100

03 誰能一起湊成 10 ？• 102

04 數字躲貓貓② • 104

05 看誰最先喊「賓果」！• 106

06 誰的數字圈圈比較多？• 108

07 哪個數字不見了？• 110

08 挑戰！100 格數字拼圖 • 112

09 我們來比大小！• 114

10 數字記憶遊戲 116

11 將相同的形狀集合起來！• 118

12 自己動手做色紙拼圖 • 120

13 跟我一起這樣畫！• 122

14 寶物在哪裡？往右走三步！• 124

15 幫我畫出另一半！• 126

16 自由創作你的對稱藝術！• 128

17 點點點！連成三角形！• 130

18 繪製我們家的尋寶圖 • 132

19 找出最大的七巧板 • 134

20 我一天的生活 • 136

21 製作我的專屬月曆 • 138

22 我獨一無二的幾何圖案 • 140

23 拍拍膝蓋再拍拍手掌！• 142

24 我一個禮拜讀幾本動物書？• 144

25 兩個圓圈圈的分類遊戲 • 146

26 這一排都是愛心！• 148

27 我創造的數織遊戲（Nonogram）• 150

Part 3

戶外時間也能
盡情玩數學

01 用車牌玩數字遊戲 • 154

02 餐桌上需要幾支湯匙和筷子呢？• 156

03 「有三個」，猜猜是什麼？• 158

04 找到我的置物櫃！• 160

05 用果實和小石子排出圖案 • 162

06 手指加法遊戲 • 164

07 終極密碼 Up and Down • 166

08 避開數字20！• 168

09 1、2、3、蹦！• 170

10 路上地磚玩程式設計（coding）• 172

11 我的社區有什麼呢？● 174

12 飛遠一點吧！鞋子呀！● 176

13 哪個杯子最大？● 178

14 今天來跟太陽玩影子遊戲 ● 180

15 把同類的石頭分在一起吧！● 182

Part 4

好玩又益智的
數學桌遊

01 【德國心臟病】完全征服 5 吧！● 186

02 【達文西密碼】和數字混熟吧！● 188

03 【十全十美】Make 10&20！● 190

04 【七七大限lobo77】快速相加二位數！● 192

05 【拉密牌】數到30都沒問題！● 194

06 【誰是牛頭王】Take 6！● 196

07 【數字火車（Streams）】誰的戰略和運氣最好？● 198

08 【幾何釘板（Geoboard）】畫圖形！● 200

09 【魔珠金字塔】快速培養空間感！● 202

10 【幾何立體拼拼樂挑戰版（Q-bitz）】排出跟我一樣的！● 204

11 【coinx（space）】自己也能玩的桌遊！● 206

12 【烏邦果（Ubongo）】完成拼圖吧！● 208

13 在螢幕外玩的【俄羅斯方塊】● 210

14 【格格不入（Blokus）】拓展我的領域！● 212

15 【形色棋（Qwirkle）】有沒有一樣的呢？● 214

16 【My First Sudoku（數獨）】找出規則吧！● 216

17 測出心愛玩偶的重量 ● 218

解答 ● 220

附錄 ● 226

前導篇

・・・

先「了解數學」
才能成為好朋友

幼兒期是孩子性格與認知發展的「決定期」，孩子長大後，會受到這段期間養成的習慣與態度影響。因此這時非常適合透過「親子互動數學遊戲」，讓原以為艱澀難懂的數學變成充滿樂趣的科目。

　　這本書的幼兒數學教育，將目標放在培養孩子的數學素養，以及正確理解數學概念，並提供能享受數學的學習方法。如此一來，孩子也能對數學抱持正面的態度。這章節將探討「親子互動數學遊戲」能在哪些方面帶來效果，並一一說明幼兒數學和國小數學的教育方向及內容。

我決定推廣「生活數學」的原因

據說有玩「親子互動數學遊戲」的小學生，不會放棄數學？

　　會說出「小學數學沒很難！」的時代已經過去了。依照實際針對國小學生的問卷調查結果，現在足足有36.5％的小學生放棄數學，而他們放棄的原因大多是「內容太多」、「運算很難又很煩」、「搞不清楚符號或標記怎麼使用」等等。我仔細推敲箇中原因，不難發現問題其實出在「沒打好數學基礎」的關係。

　　一切學問的關鍵都在於「穩固的基礎」並且「保有興趣」，當然數學的領域也是這麼一回事。想要達到這個目標，就需要讓孩子認為「艱澀無趣的練習測驗卷並不是數學的全部！數學，是一門跟生活連結的有趣科目。」

　　美國幼兒教育協會（NAEYC）和美國數學教師協會（NCTM）也因下列理由，大力強調「家庭與幼兒教育機關合作的必要性」。

　　當父母對數學有負面經驗時，會告訴孩子數學很難。這樣的態度會帶給孩子負面的影響，從結果來看也會影響孩子的學習能力。因此，為了讓孩子對學習數學擁有正面的態度與經驗，需要從家庭氛圍做改變。家長可以告訴孩子數學的重要性，以及在日常生活中活用數學的方法。

　　出處：《Early childhood mathematics: Promotion good beginning》（NAEYC&NCTM, 2002）

在家中進行的數學遊戲，可以將日常經驗中的抽象知識，與數學連結起來。此外，也能讓孩子對數學保有正面的心態，並產生自發性探索的活動。從結果來看，對孩子的數學基礎有莫大的助益。

使用教具學數學有什麼好處？

提出兒童認知發展理論的世界知名心理學家——尚·皮亞傑指出，在二到七歲左右（前運思期），幼兒對世界的概念已穩定形成，這代表孩子在做出特定舉動前已經具備能先在腦中描繪的運思能力。然而，高度的運思能力發展尚未完全，所以注意力會集中在最突出顯眼的特性。

舉個簡單的實驗為例。在兩個大小與形狀都相同的透明杯子裡倒入等量的水，並告訴孩子杯子裡的水容量一樣多。接著將兩個杯子裡的水分別倒進不同形狀的杯子，然後詢問孩子：「哪個杯子裡的水比較多？」試想看看會得到什麼結果呢？令人驚訝的是，即便是目睹這一切過程的孩子，也只會注意到「高度」這個特性，所以不會回答「一樣多」，而是會以為「水的高度」較高的杯子有更多的水。

因此，多元化的教具能幫助孩子克服這種精神上運思的界限。其中數學教具更是必須具有能「引起孩子對數學的興趣、願意探索數學」的多元性功能。也就是說，不僅要讓孩子樂於反覆玩，還要能夠解決數學問題才行，甚至能夠讓孩子親手操作會更好。

而活用日常生活中的素材當教具，除了能讓孩子感到親切，也能將數學自然帶入生活經驗中。加上玩教具是要在家裡進行，所以與其花大把時間製作，不如使用家中本來就有的物品，或是跟孩子一起動手做，其使用效果更好。

不過，適當使用教具至關重要。考量到孩子不同階段的發展，盲目使用教具，或讓孩子接觸過多種類的物品，可能都不是學數學的好方法。因為過於簡單或過於複雜的教具都可能讓孩子對數學遊戲感到厭煩，甚至也可能因為過度依賴教具，而限制孩子主動思考的能力。

家中就有最棒的數學遊戲材料！

　　運用生活物品幫助孩子建立數學概念，是最容易取材又有效率的方式。不論是圍棋棋子、錢幣、迴紋針、夾子，或是積木、橡皮擦等形狀相似且大小適中的材料，對於小肌肉尚未完全發育的孩子來說，能輕鬆用手操作，非常適合。

　　因此我很推薦在家裡準備這些能在多個領域活用的物品。當然，只使用這些工具來玩，在有些活動還是會遇到限制，不過別擔心！到時候再藉助專門的教具就可以了。

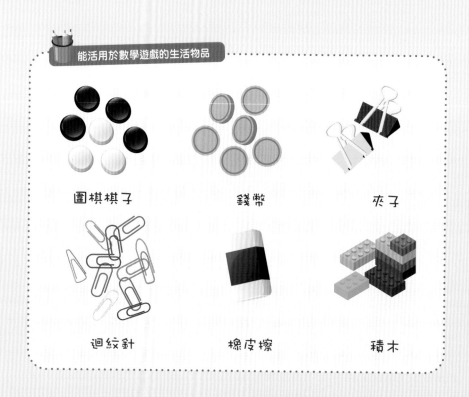

能活用於數學遊戲的生活物品

圍棋棋子　　　　錢幣　　　　夾子

迴紋針　　　　橡皮擦　　　　積木

數學的學習階段 &本書銜接用法

　　這裡會先說明學齡前到國小低年級階段，分齡學習數學的內容。讓爸爸媽媽們可以分時期理解孩子的學習狀況，透過本書，配合孩子的程度邊玩邊加強數感，只要爸媽在家中適當給予支持與陪伴，就能成為孩子堅強的後盾。

學齡前的數學教育

領域 ＼ 年齡	滿3歲	滿4歲	滿5歲
數與運算	生活中對數字有興趣	知道生活中使用之數字的各種含意[1]	
	比較物品數量的多寡	知道物品數量「相同」、「較多」、「較少」的關係	知道物品數量的「部分與全體」的關係[2]
	能數5個左右的物品，對數量有興趣	能數10個左右的物品，知道數量	能數20個左右的物品，知道數量意義[3] 能透過實物體驗加減法[4]
空間與圖形	知道以自己為中心的前後、左右、上下	用不同方法表現位置與方向[5]	
	對物體的形狀有興趣	認知基本圖形的特性	從不同方向觀察物體，並比較其差異[6] 知道基本圖形的共同點與差異點[7]
		使用基本圖形構成各種形狀[8]	

年齡\領域	滿3歲	滿4歲	滿5歲
測量	比較兩個物品的長度與大小	在日常生活中比較長度、大小、重量等	在日常生活中比較並排序物品的長度、大小、重量、容量等序[9] 使用任意單位來測量長度、面積、容量、重量等[10]
規律	對生活中重複的規則有興趣	知道生活中重複的規則 認知規律性並模仿	知道生活中重複的規則並能預測下一步[11] 自行制訂規律[12]
資料分析	配對相同的事物	收集需要的資訊[13] 以單一基準來分類資料	重新分類已經整理過的資料[14] 使用圖案、圖片、符號或數字做出圖表[15]

① 知道生活中使用之數字的各種含意

　　四、五歲的孩子不僅能使用數字計算物品數量，還知道數字可以表示順序或名字代號，能理解公車號碼、電話號碼、遊戲順序。

② 知道物品數量的「部分與全體」的關係

　　約五歲的孩子可以理解10顆糖果能分成2顆和8顆，也可分成3顆和7顆。亦即他們能知道數字之間的關係，並能說明特定數字是以哪兩個數字組合而成。

③ 能數20個左右的物品，並知道數量意義

　　約五歲的孩子能活用他們對「1到9」的一位數理解，數10以上的數字。可以數大概20個左右的物品，並且知道其數量意義。

　　他們在數1到10的時候也逐漸熟悉數字與對應的數量，或許還能認讀或書寫10以內的數字。此外他們也能瞭解，在數10以上的數時，適用數1到9的順序，會像「11、12、13……」如此形成數字規則。

④ 能透過實物體驗加減法

　　約五歲的孩子能理解生活中物品的數量變化，包含物品數量的增加和減少，可以拿個位數的玩偶進行數量變化的體驗。若增加玩偶時，數量會比一開始多；減少玩偶時，數量會比一開始少，透過這樣的經驗形成了日後加減法的基礎。

⑤ 用不同方法表現位置與方向

　　約四、五歲的孩子已經能認知到相對位置、方向和距離，也能用語言、圖畫等方法表達。像是他們可以運用積木、畫畫來呈現家和公園的位置。

　　在這樣的過程中，他們也逐漸建立前往公園或其他日常場所的路線，可以經由製作簡單的地圖，讓孩子瞭解「前後、左右、遠近」等空間關係。

⑥ 從不同方向觀察物體，並比較其差異

　　五歲的孩子能知道一個物體的形狀會隨著「觀看的位置和方向」而有所不同，所以可以從不一樣的方向比較形狀。舉例來說，從正面看、從側面看、從上往下看同一個娃娃時，看起來都不相同。

⑦ 知道基本圖形的共同點與差異點

　　約五歲的孩子已經能比較圓形、三角形、四邊形的相似與相異處，觀察立體模型時也會從上方、側面等不同面向探索，再透過立體模型是否能滾動、站立而找出圖形的共同與差異。

　　此外，即使改變圖形的大小和方向，孩子還是能分辨。舉例來說，大中小三個三角形的擺放方向不同時，他們也明白「三角形有三個邊和三個頂點」的特性，推論三個圖形都是三角形。

⑧ 使用基本圖形構成各種形狀

　　約四、五歲的孩子能「拆解並組合」基本圖形來構成其他形狀，也能以此為基礎探索「部分與全體」的關係。他們知道將幾個不同圖形組合，就可以形成某一種圖形；相反的，一種圖形可以拆解成若干個不同圖形。

　　孩子會將圖形平移、翻面或旋轉，體驗圖形的變化與對稱，也會反覆思考如何改變基本圖形，在腦中產生變化後的圖形樣貌，如此培養出空間視覺化的能力。

⑨ 比較並排序物品的「長度、大小、重量、容量」

　　約五歲的孩子會開始熟悉「比較」的方法，並逐漸了解「排序」的意義。

　　他們懂得用物品的長度、大小和重量等「不同單位」測量「同一件物體」，也懂得以此進行多個物體的比較與排序，除此之外，較難理解的「容量」單位也能透過「盛裝的液體」測量出來。

⑩ 學會使用「任意單位」來測量長度、面積、容量、重量

　　這時期的孩子學會運用鉛筆、積木等日常用品來測量物體，或是利用手掌、腳掌等身體部位當作「單位」，例如椅子的高度有「5個積木」。當然，也漸漸理解每個人的「身體單位」不同，而選擇用更客觀的測量單位。

　　測量長度或面積等不同單位時，他們知道選擇更「適當的測定工具」，例如使用鉛筆或繩子來量長度、用色紙來量面積。

⑪ 知道生活中「重複的規則」並能預測下一步

　　五歲的孩子已經超越「聽懂規則照做」的程度，不但能看出規律並預測下一步，也能推論出規律中遺漏的部分，甚至可以將一種規律類型轉換成另一種。舉例來說，將重複「坐－站－坐－站」的規律換成「大聲－小聲－大聲－小聲」。

⑫ 自行制訂規律

這時期的孩子能以「已經理解規律」的基礎，自行制訂出另一種單純的規律。

舉例來說，大人不必特別設定規律，孩子也能自己重複「紅色大珠珠－黃色小珠珠」的順序串成珠珠項鍊，或在生日賀卡上用一定規律貼上貼紙裝飾。

⑬ 收集需要的資訊

大約四、五歲的孩子能從隨處可見的大量資訊中，挑選出自己需要的資料。當需要進一步了解時，孩子也能自然而然的選擇最適合找出答案的方法，例如查資料、觀察、實驗等等。

⑭ 重新分類已經整理過的資料

大約五歲的孩子能從分類好的資料中，再加上另一種分類基準。舉例來說，將圖形依照「形狀」分類之後，再以「顏色」加以分類。這是一個思考自己選擇的「分類方式是否恰當」的過程，同時孩子會找出最恰當的分類方法收集資料並加以整理。

⑮ 使用圖案、圖片、符號或數字做出圖表

大約五歲的孩子會使用簡單的圖案、圖片、符號或數字做出圖表，並說明圖表所表示的意義，例如說明圖表所呈現的「最多的、最少的、比較多的、比較少的」等關係。孩子也能理解一開始想研究的問題是否已經透過「資料收集、整理」以及「圖表結果」說明。

國小低年級的數學教育

※註：依據台灣108課綱資料，「規律」相關課程為國小三年級的學習內容。

領域	核心概念	內容要素
數與運算	數的體系	理解三位數[1]
	數的運算	二位數的加減法[2]
		乘法[3]
空間與圖形	平面圖形	平面圖形的形狀[4]
		平面圖形的構成要素[5]
	立體圖形	立體圖形的形狀[6]
測量	量的測定	量的比較[7]
		辨別時間[8]
		長度的單位[9]
規律	規則性與對應	找出規則[10]
資料分析	資料整理	分類[11]
		表格[12]
		簡單的圖表[13]

[1] 理解三位數

　　通常低年級的孩子已經理解0到100的數字概念，並能認讀、書寫三位數的數字，當然也能比較數的大小。此外，能將一個數分解成兩個數，或將兩個數組合成一個數，藉此培養對數字的敏銳度。

[2] 二位數的加減法

　　在生活中出現加減法的狀況時，理解加減法的意義。在二位數的範圍內，能理解加減法的計算原理並進行計算。此外，也能寫出8+□=10的加減法算式，並求得其結果。

③ 乘法

　　能在生活中出現乘法的狀況時理解乘法的意義，能做兩個一位數的乘法。

④ 平面圖形的形狀

　　能觀察教室中和生活中的物品，找出三角形、四邊形和圓形等圖形，並藉此組合出不同的圖形，而且可以直覺地畫出三角形、四邊形和圓形。

⑤ 平面圖形的構成要素

　　孩子能分別說出不同形狀的特徵，並進一步廣泛應用，也能清楚區別五邊形、六邊形。

⑥ 立體圖形的形狀

　　孩子能在教室和生活中觀察物品，找出正方體、圓柱體和球的形狀，並藉此創造出不同形狀。同時也能用方塊積木堆出不一樣的立體圖形，能從不同的位置或方向描述圖形。

⑦ 量的比較

　　能比較物品的長度、容量、重量、寬度等。

⑧ 辨別時間

　　懂得看時鐘或手錶，說出時刻到分鐘單位。知道1小時等於60分鐘，而且可以用「幾小時幾分鐘」來表示時間。

⑨ 長度的單位

　　比起以往手掌、鉛筆的「任意測量單位」，已經能認識長度的「標準單位」。可以藉此測量長度、理解物品的長度為何，熟練測量長度的用法，並能在生活中計算物體長度的增減。

⑩ 找出規則

能在物體、圖案、數字等序列中找出規律，並用不同方法表示。能依照自己指定的規律來排列物體、圖案和數字等。

⑪ 分類

能將物品依照「某種既定標準」或「自己指定的基準」進行分類，並說出其分類結果。

⑫ 表格

能將分類過的資料用表格呈現，並且理解運用表格呈現的便利性與實用性。

⑬ 簡單的圖表

能將分類過的資料用圖表呈現，並且理解運用圖表呈現的便利性與實用性。

本書和幼兒數學教育的銜接

本書以上述內容為基礎，所編寫的架構如下表。若能活用本書，即使在家中也能有系統地將數學概念注入孩子腦中。這裡要注意的是教育過程固然要緊，但是讓孩子對數學保有興趣更為重要。假如孩子覺得某個遊戲無趣，就請暫時中斷遊戲，試著先挑戰其他遊戲。

領域	學習要素	本書的遊戲
數與運算	認識10以內的數（機械式數數）	Part2 01. 數字躲貓貓①
	認識5以內的數（運思式數數）	Part1 01. 如果是五隻小豬的話？
	5的分解與合成	Part1 02. 還缺多少才是5？
	認識10以內的數（運思式數數）	Part1 03. 在家用報紙打雪仗
	10的分解與合成	Part1 07. 邊吃邊玩！用孩子的零食玩數字
	20以內的加減法	Part1 08. 雞蛋盒好好玩②

數與運算	跳著數數、認識倍數的概念	Part1 13. 兩隻兔子需要幾根紅蘿蔔呢？
空間與圖形	分類三角形、四邊形、圓形（直覺式理解）	Part2 11. 將相同的形狀集合起來！
	理解三角形、四邊形、圓形的特徵	Part1 15. 用吸管吹「三角形、四邊形」泡泡
	理解多邊形的特徵	Part1 14. 蔬菜的創作遊戲
	分類並找出立體圖形（直覺式理解）	Part1 17. 找出躲在家裡的立體圖形
	理解立體圖形的特徵（分析式理解）	Part1 21. 這是什麼圖形的角角呢？
	利用七巧板和圖形拼板理解平面圖形	Part2 12. 自己動手做色紙拼圖
		Part2 19. 找出最大的七巧板
	利用方塊積木理解立體圖形	Part1 19. 你能堆出跟我一樣的形狀嗎？
	理解圖形的對稱與旋轉	Part1 18. 用積木做出對稱圖形
		Part2 15. 幫我畫出另一半！
測量	直接比較	Part1 24. 比一比，哪條報紙更長？
		Part1 25. 誰比較重？翹翹板知道！
	利用任意單位作比較	Part1 26. 爸爸的腳比媽媽的腳大嗎？
		Part2 19. 找出最大的七巧板
	利用指定單位作比較	Part4 07.【數字火車（Streams）】誰的戰略和運氣最好？
	看時鐘	Part2 20. 我一天的生活
	認識1分鐘、1小時、1天、1週、1個月、1年之間的關係	Part2 20. 我一天的生活
規律	理解「121212」兩個一組的單純循環序列	Part1 27. 好漂亮！按照順序串水果
	理解「123123123」三個一組的單純循環序列	Part1 28. 用最愛的零食做出獨一無二的項鍊
	理解「112311231123」之複雜序列	Part1 28. 用最愛的零食做出獨一無二的項鍊
	自訂循環模式來排列物體、圖紋和數字等	Part2 22. 我獨一無二的幾何圖案
	將一種序列轉換成另一種形態的序列	Part2 23. 拍拍膝蓋再拍拍手掌！
資料分析	單一分類	Part1 29. 我是小小書店員
	複合分類	Part2 25. 兩個圓圈圈的分類遊戲
		Part3 15. 把同類的石頭分在一起吧！
	類包含	Part4 08.【幾何釘板（Geoboard）】畫圖形！
	用表格或圖表呈現分類的資料並加以說明	Part2 24. 我一個禮拜讀幾本動物書？

孩子如何發展數學領域的能力？

數學中各領域的發展階段

關於幼兒與數學能力的發展研究，在許多領域都有豐碩的成果。雖然，每個研究的觀點，以及對於具體發展程度的見解有所不同，但是有一個最大的共通點，就是「幼兒也具有建構知識的數學能力」。因此，先清楚理解孩子在數學各領域的發展階段，再依此規劃遊戲，才能幫助孩子擁有完整且持續進步的數學概念。

學者提出的數學領域發展階段如下表，爸媽們可以先確認孩子所處的階段，並以此為基礎來選擇遊戲。要特別注意的是，即便孩子在遊戲中犯錯了，爸媽也千萬不要催促指正，因為這都是在學習與發展過程中的自然情況。

領域	階段	第一階段	第二階段	第三階段	第四階段
數與運算	① 數的概念	直覺式比較	直覺式對應 → Part1 01 遊戲	運思式對應 → Part1 03 遊戲	
	② 數數	機械式數數 → 第2章 01 遊戲	運思式數數 → Part1 05 遊戲		
空間與圖形	③ 空間	自身視野內的空間認知	自我中心式的空間認知 → Part3 11 遊戲	相對性的空間認知 → Part2 14 遊戲	
	④ 圖形	視覺化 → 第1章 14、17 遊戲／第2章 11 遊戲	分析水準1 → Part1 15、Part1 21 遊戲	分析水準2 → Part4 08 遊戲	分析水準3

測量	⑤ 排序	3～4歲：單純順序	5～6歲：二重順序	6～7歲：複合順序	
		→ Part1 24 遊戲	→ Part1 25 遊戲	→ Part3 13 遊戲	
規律	⑥ 規則性	認知規律前	規律的單純認知與遵守	規律的構成與變動出現	複合規律的構成與變動
			→ Part1 27 遊戲	→ Part2 23 遊戲	→ Part2 22 遊戲
資料分析	⑦ 分類	任意分類	單一分類	複合分類	類包含
			→ Part1 29 遊戲	→ Part2 25 遊戲	→ Part4 08 遊戲

數學中各領域的學習內容

（1）數與運算

① 數的概念發展

第一階段　直覺式比較

在比較兩組數量時無法一個對應一個。判斷物品數量時，只會直覺考慮物品「所佔據的空間長度或寬度」等較為明顯的特徵。因此，如果將圓圈擺放如下，孩子會認為下面的圓圈較多。

第二階段　直覺式對應

在特定數量內，兩組物品能一個對應一個，但是當數量變多時，仍會以直覺判斷數量。因此，如果將圓圈擺放如下，孩子會認為上下的圓圈一樣多。

但是在下列這種情況，孩子會認為下面的圓圈較多。

⬇

第三階段　運思式對應

兩組物品能一個對應一個，而且不會依賴直覺比較物品數量。
因此，如果將圓圈擺放如下，孩子會認為上下的圓圈一樣多。

② 數數的概念發展

第一階段　機械式數數

能憑著記憶按順序背誦數字。算物品個數時，無法理解一樣物品只能數一次，所以可能會出現一個物品數兩次，或跳過沒數的情況。

⬇

第二階段　運思式數數

已經理解以下五個原則，所以能依序將各數詞對應到物體。

- 穩定的順序原則：記得大人使用的數詞與順序。
- 一對一的對應原則：一個物體只算一次數詞。
- 抽象化的原則：可以不用看著目標數數。
- 數量不變的原則：不論從什麼方向、任何順序數數，數量都相同。
- 基數的原則：數物品數量時，最後一個唱數的數詞就是該數量。

（2）空間與圖形

③ 空間概念的發展

第一階段　自身視野內的空間認知（8～24個月）

當手中在玩的球消失時，會在腦中想像路徑而推測位置。

第二階段　自我中心式的空間認知（2～4歲）

只能了解以自己為中心的方向，較難理解怎麼從其他層面看事物。雖然對於形狀、大小、型態、方向的概念尚未發展完全，但已經開始產生位置概念。

第三階段　相對性的空間認知（5～7歲）

理解事物時能與其他事物連貫起來。明白相對位置，知道幼兒園裡自己和旁邊同學的位子，也可能畫出自家附近的簡單地圖。

④ 圖形概念的發展

第一階段　視覺化

以外在的形態為基礎來辨認圖形，能將相似的圖形分成一類並說出名稱。這個階段仍難以理解圖形的屬性，不太清楚「三個邊、四個角」這類的概念。

第二階段　分析水準1

憑視覺的感知來認知形狀。雖然發展仍不完全，但能說出形狀的特性或性質，如「需要三條線」。

第三階段　分析水準2

能用語言描述圖形，能說出關於圖形的部分抽象知識，如「三角形的內角和是180度」。

第四階段　分析水準3

能使用包含推理關係的抽象知識，如「兩邊在一個點交會時，對角的大小相同」。

（3）測量
⑤ 排序能力的發展

第一階段　單純順序

能按照一個屬性依序排列物體，如按「高度」將物體排成一列。

第二階段　二重順序

能將兩組物體以一對一對應的方式依序排列。排出大熊－中熊－小熊之後，將大披薩給大熊、中披薩給中熊、小披薩給小熊。

第三階段　複合順序

排序時能同時考慮長度和高度等兩種不同屬性。

（4）規律
⑥ 規則認知的發展

第一階段　認知規律前

無法呈現事物或模式的規律。

第二階段　規律的單純認知與遵守

能認知並模仿案例所示的規律。

第三階段　規律的構成與變動出現

能依照規律用各種方式擺放物體，並換成其他類型來呈現。

第四階段　複合規律的構成與變動

能自發性構成新的規律。

（5）資料分析

⑦ 分類概念的發展

第一階段　任意分類（約2～3歲）

與事物的相似或差異點無關，依照自己主觀的標準來分類事物。

第二階段　單一分類（約4～6歲）

依照一個明顯的共同標準來分類，能使用顏色、形狀、大小等分類標準。

第三階段　複合分類（約7～8歲）

依照兩種或兩種以上的共同標準來分類。能使用文氏圖等工具，將紅色兩洞的扣子、黃色四洞的扣子做分類。

第四階段　類包含（約8～9歲）

能理解大類包含小類的概念。如果有數個紅色四邊形和紅色三角形，能依照形狀分類三角形和四邊形，也能知道全部都是「紅色」這種較大集合的屬性。

五大數學領域的遊戲重點

數與運算

（1）數數

    孩子經常一邊爬著樓梯，一邊「1、2、3……」這樣數著，對吧？大約從兩歲開始，孩子就學會數數，到入學前可以數到數字100。數數是一個重要的活動，有助於形成數學概念的基礎。跟孩子一起數數時，需留意以下事項：

- 一個物體配一個數詞 ➡ 練習「一對一的對應原則」
- 數物體數量時，「1」之後接「2、3、4……」，採一貫的方式說出數詞 ➡ 練習「穩定的順序原則」
- 就像數可見的物體一樣數不可見的物體，如「再做3次就好」、「再睡3個晚上，就可以去玩囉」這種日常的說法。 ➡ 練習「抽象化的原則」
- 數到最後一個物品，該數詞就是全體的數量。 ➡ 練習「基數的原則」
- 不論從什麼方向數，數量都相同。 ➡ 練習「無關順序的原則」
- 可以用各種方式數數，體驗一個一個數數、跳著數數、倒數等各種方式。
- 在數1～100時，可以先熟悉十的倍數，即「10、20、30……」。

那麼，在家中如何指導孩子數數呢？以下三點請務必遵守。

第一，讓孩子在「日常生活中」體驗數字。

我們都明白讓孩子坐在書桌前要求孩子「開始數看看」的學習方式，並無法提高孩子對練習的興趣。最好的方法是將數學融入生活，可以試試在用餐時間讓孩子依人數擺放筷子，或是下達讓孩子買「5顆蘋果」等指令，培養在日常生活中體驗數量的習慣。

第二，要讓孩子恰當使用「基數和序數」的數數方式。

表達數量的說法稱為基數，例如一個、兩個、三個……，另外序數為表達順序的說法，像是第一、第二、第三……。我們可以經常舉例這兩種數數用語，幫助孩子不混淆使用方式。

第三，讓孩子接觸「大」的數字。

雖然在小一下學期才會使用100以內的數，但其實在那之前孩子就已經對大數很感興趣了，我們可以運用一包糖果裡有幾顆糖果、在超市買東西時用到的價格單位等，讓孩子在生活中體驗大的數字，對孩子數量概念的發展非常有幫助。

（2）運算

想讓孩子打好運算的基礎，就是讓孩子理解數量的「部分與全體」的關係。為此，可以讓孩子學著用多種組合，拆解一個10以下的數字。

讓孩子學習與運算有關的概念時，需注意以下事項：

第一，不要太早使用運算符號。

如果過早接觸包含加（＋）、減（－）等運算符號，可能會造成孩子的混淆。一開始請使用具體的物品來進行加或減的練習。

第二，充分利用物品和教具。

建議利用物品和教具，從形狀大小都一致的物品開始玩，再慢慢換成多種樣式的物品。

第三，讓孩子在日常生活中體驗運算。

例如在超市買東西、玩桌遊合計分數、吃指定數量的軟糖等，這些方式都能讓孩子在保有興趣的情況下體驗運算。

第四，讓孩子體驗多種運算類型。

・添加型 ➡ 你手上有3顆糖果，如果又買了2顆，你總共有幾顆糖果呢？
・合併型 ➡ 媽媽有3顆糖果，爸爸有2顆糖果，那麼爸爸媽媽總共有幾顆糖果呢？
・拿走型 ➡ 你有5顆糖果，給了朋友2顆糖果，你剩下幾顆糖果呢？
・比較型 ➡ 爸爸有5顆糖果，媽媽有2顆糖果，誰的糖果比較多、多了幾顆呢？

空間與圖形

（1）空間概念的發展

空間概念與位置、方向、視覺記憶、表現空間有關。知道家在哪個方向、憑記憶知道通往幼兒園的路……等，都是孩子在日常生活中所需的概念。培養空間感的方法如下：

第一，讓孩子經常體驗能「表現空間關係」的活動。

可以讓孩子嘗試看著房子、社區或動物園的地圖找出特定地點，也能利用方塊積木堆砌作品，或是構思立體作品後再製作……等，這些生活經驗，對孩子來說都是很有意義的表現空間的活動。

第二，讓孩子從不同方向觀察物體，並試著表達。

這時期的孩子很難理解「物品的形狀」會隨著「視角」而有所不同。如果能多多從不一樣的方向觀察物體，並藉此讓孩子思考從「相對的角度」觀看會是何種形狀，就能逐漸突破這種思考的界限。

第三，讓孩子在日常生活中熟悉位置、距離、方向等相關的詞彙。

「書桌上的東西」、「熊熊右邊的娃娃」……若孩子能多接觸以不同觀點來表達「位置、距離和方向」的詞彙，將有助於熟悉與空間的相關概念。

(2) 圖形概念的發展

從嬰兒期開始，孩子就會用「手眼」思考和探索各種圖形。他們會滾動玩具，或抓到什麼就放到嘴裡，藉此理解每個物體的特性。當他們認識圖形的共同點和差異點之後，就能將圖形分類，也能分辨屬性。對認識圖形有幫助的遊戲方法如下：

第一，找到「圖形共同點」的分類遊戲，應優先於認識「圖形的屬性」。

與其直接告訴孩子「這是三角形」，不如先讓孩子將三角形和非三角形的圖形作分類，再找出三角形的共同點，然後才稱那些為「三角形」。

第二，用多樣化的方法探索圖形。

旋轉圖形或翻面圖形的活動，能增進孩子的空間概念。可以活用七巧板或五連方等教具。

第三，讓孩子理解平面與立體的關係。

已經認識「平面四邊形」的孩子，看到六面體的立體圖形時仍會下意識地稱之為「四邊形」，所以要讓孩子學會分辨平面圖形和立體圖形的不同。

第四，從日常生活中接觸的東西開始。

可以從孩子的玩具、餐具等隨手可得的物品，讓孩子說出圖形名稱。

平面圖形

 圓形 直角三角形 鈍角三角形 銳角三角形 等腰三角形

 梯形 平行四邊形 菱形 長方形 正方形 五邊形

圓形　　圓圓、沒有頂點的形狀

三角形　　邊（線）和頂點（尖尖的地方）各有三個，邊長可以不一樣。
　　　　　三角形分為以下四種：
　　　　　①直角三角形：一角為直角，像「四邊形折半」的三角形。
　　　　　②鈍角三角形：一角比直角大，是「胖胖的」三角形。
　　　　　③銳角三角形：所有角都比直角小，是「尖尖的」三角形。
　　　　　④等腰三角形：兩邊等長的三角形。

四邊形　　邊和頂點各有四個，邊長可以都不一樣。四邊形分為以下五種：
　　　　　①梯形：有一組對邊平行的四邊形。
　　　　　②平行四邊形：兩組對邊都平行的四邊形。
　　　　　③菱形：四邊長度相等的四邊形。
　　　　　④長方形：四角都是直角，對邊等長的四邊形。
　　　　　⑤正方形：四邊長度相等，且四角都是直角的四邊形。

五邊形　　邊和頂點各有五個，邊長可以都不一樣。

立體圖形

| 正方體 | 長方體 | 球體 | 圓柱體 | 圓錐 |

正方體	有六面四邊形，各面的大小和形狀都相同。
長方體	有六面四邊形，各面的大小和形狀可以不相同。
球體	長得像圓球，能朝四面八方滾動。
圓柱體	上下各有一個平平的圓，能朝直線滾動。
圓錐	一面是平平的圓，另一面是尖尖的，像尖頂帽的形狀。

測量

「我比較快到」、「我的餅乾比較大」，孩子會在生活中自然而然的使用這類「比較用語」。而測量是從比較事物的特性和排序開始，目的是為了知道「差異的程度」，為增進孩子的測量能力，應注意以下事項：

第一，讓孩子在日常生活中體驗測量。

大人可透過「再做五分鐘就好」、「怎麼知道哪個更長呢？」這類的發問，引起孩子主動參與測量活動的興趣。

第二，多方面讓孩子體驗測量。

不只是最常接觸的長度，還有體積、重量、時間等各方面都可以讓孩子玩測量遊戲，並且要讓他們開口表達出來。

第三，可以用下列順序練習測量。

· 單純比較：親自測量媽媽的腳掌和爸爸的腳掌之後說出誰的腳更大。
· 比較後排序：媽媽的腳掌和爸爸的腳掌、媽媽的腳掌和小孩的腳掌，測量之後按照大小排序。
· 用任意單位測量：使用家裡的某個小物品來量腳，例如使用迴紋針量出「媽媽的腳是8個半的迴紋針，小孩的腳是5個迴紋針」。
· 用標準單位測量：使用長尺，例如「爸爸的腳掌是27公分，小孩的腳掌是15公分」。

規律

「左腳、右腳、左腳、右腳」，即使沒有人教，孩子也會自己訂出規律進行活動。下列三點作法可以拓寬孩子對規律的理解：

第一，讓孩子充分體驗「既定的規律」。

如果沒有先體驗各種既有的規律，孩子很難想像和制訂出自己的規律。

第二，讓孩子嘗試訂出「不同形態」的規則。

除了玩圖形，還可以使用數字和位置等不同形態，讓孩子做排出序列的體驗。這會形成在未來理解函數和代數的基礎。

第三，要讓孩子在「生活中」接觸序列規則，而「非書桌上」。

走廊的磁磚、親子餐廳的鞋櫃等各種場所都能找到序列，這些都有助於啟發孩子對序列規則的興趣。

資料分析

對現今資訊爆發的第四次工業革命時代而言，最不可或缺的便是具有資料收集、彙整，並能用需要的方式，加以組織與解析的能力。在數學中「資料分析」的能力正是這方面的基礎。能幫助孩子啟發資料分析能力的方法如下：

第一，先告訴孩子想瞭解的資訊，並且找出收集資料的方法。

一定要先透過與孩子的對話來決定「想知道什麼」與「怎麼做」。假設我們想知道家人在一週中洗手的次數，就要先擬訂可執行的計畫，像是每次洗手都貼一張貼紙等方式。

第二，想用表格或圖表呈現結果時，需考慮孩子發展的程度。

一開始可以用貼紙，或動物圖案、人物圖案的可愛物品呈現，當孩子熟悉之後再試著用一般的圖表整理。

第三，要讓孩子「用自己的語言」表達出圖表呈現的資訊。

這麼做能提升孩子對資料的理解力，甚至能發展出資料的解析能力。

Part 1

. . .

用「生活物品」就能玩的數學遊戲

現在來介紹如何利用生活中隨手可得的物品當成玩具與教具，讓孩子體驗多種數學遊戲吧！

　　雖然用市面上現成的玩具或專業教具，也有助於培養孩子的數學概念，但是請明白這一點：爸爸媽媽使用生活中常接觸的日常用品，能讓孩子玩得輕鬆自在，尤其，在思考數學時更能感受到樂趣！

01

如果是五隻
小豬的話？

數數與運算最基本原理之一就是「一對一的對應」。利用孩子平常閱讀的趣味故事書，就能讓孩子熟悉此概念，甚至還能提升統合思考的能力。

- **基礎概念** 能數出1～10的數
- **目標概念** 透過「一對一的對應概念」來數數
- **準備物品** 紙1張、不同色的色鉛筆數支、《三隻小豬》故事書1本

確認基礎概念

可以從1數到10嗎？

① ⟨ ⟩ ⟨ ⟩ ⟨ ⟩ ⟨ ⟩ ⟨ ⟩ ⟨ ⟩ ⟨ ⟩ ⟨ ⟩ ⑩

（答案請參考P220）

1 爸爸媽媽跟孩子一起閱讀一遍《三隻小豬》的故事。

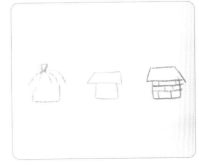

2 請孩子說說第一隻小豬、第二隻小豬和第三隻小豬的房子分別是用什麼蓋成的，接著數數看房子總共有幾間。

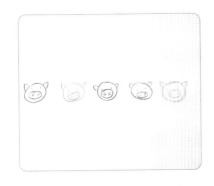

3 然後分別假設小豬有4隻、5隻、6隻……10隻，由爸媽詢問小孩：「如果有6隻小豬的話，想想看房子總共會有幾間呢？」

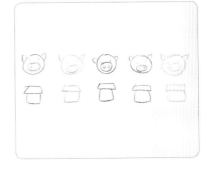

4 在紙上畫圖，循序漸進地說出正確答案。

讓遊戲更好玩的訣竅

▶ 爸媽要區分表達數字的方式，例如表達順序的說法是「第一、第二、第三……」；而表達數量的說法是「一個、兩個、三個……」。在對話時可以加以區別。

▶ 如果孩子還不太會畫畫，也可以用幾張色紙剪出房子的形狀，並在小豬下面各放一間房子。

再次複習！孩子都理解了嗎？

如果有5隻小豬，每隻都蓋了一間房子，那麼總共有幾間房子呢？

（答案請參考P220）

02

還缺多少
才是5？

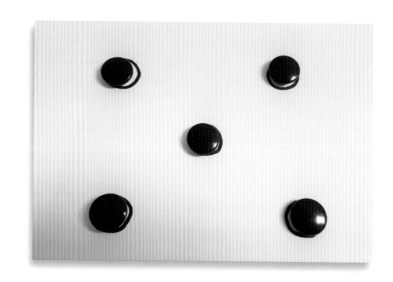

將一個數拆解成兩個數的動作，有助於孩子理解「加減的概念」。指定一個基準的數，再藉由不同組合加以拆分，打好數字概念的基礎。

- **基礎概念** 能數出1〜10的數
- **目標概念** 5的分解與組合
- **準備物品** 紙1張、筆1支、圍棋棋子5顆

 確認基礎概念

- 從1數到10吧！
- （由爸媽放5個圍棋棋子）這裡有幾個棋子呢？

（答案請參考P220）

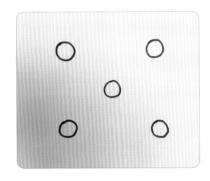

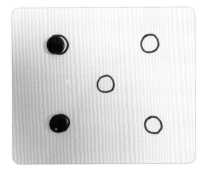

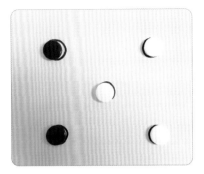

1 用筆在紙上畫出5個圓圈。

2 由爸媽在兩個圓圈中放進棋子，接著問孩子：「如果想要變成5個，還要再放幾個棋子呢？」

3 把棋子放進剩下的圓圈，確認正確的答案。

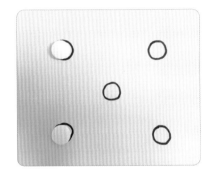

4 這次交換角色，由孩子來發問。

 **讓遊戲更好玩的訣竅** tip

▶ 畫5個圓圈時，可以一排畫2個、一排畫3個，也可以像上圖一樣畫成骰子的形狀。讓孩子看清楚數拆分的樣子，就能更快認知5的加減。

Upgrade 不在紙上放棋子，試試只看著空的圓圈來玩。

⭐ **再次複習！孩子都理解了嗎？**

小花想吃5顆糖果，但現在只有3顆，還要再買幾顆呢？

（答案請參考P220）

03

在家用報紙
打雪仗

加法和減法的基礎之一就是理解「10的補數」，對於往後進行進退位的加減運算時，也是不可或缺的重要原理。開心的玩玩丟球遊戲，一起體驗10的補數概念。

● **基礎概念** 能數出1～10的數，並了解5的分解與組合
● **目標概念** 10的分解與組合
● **準備物品** 報紙數張

確認基礎概念

・從1數到10吧！
・空格內該放什麼數字呢？

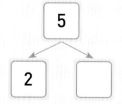

（答案請參考P220）

1 將報紙揉成圓球狀，做出10顆紙球。

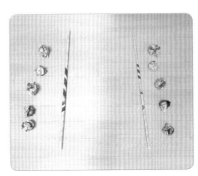

2 將報紙捲成長條狀，放在中間當成界線，並在兩側各放5顆球。

3 一人佔據一側，喊「開始」之後，將自己這側的報紙球丟到對方的陣營那側。

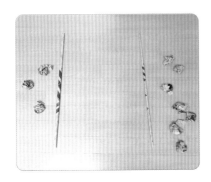

4 設定一段遊戲結束時間，清點雙方報紙球的數量。

讓遊戲更好玩的訣竅 tip

▶ 利用書本當成界線也可以。因為比起細細的一條界線，做出較粗的兩條界線玩起來更刺激。

▶ 孩子會抗拒丟球嗎？如果會，這時可以改成各用一本書當成陣營，用手拿著自己的紙球跑到對方陣營放下。

再次複習！孩子都理解了嗎？

小花和小明在玩丟雪球，如果總共有10顆球，小花這側有6顆球，那麼小明那側的地上會有幾顆球呢？

（答案請參考P220）

04

雞蛋盒
好好玩①

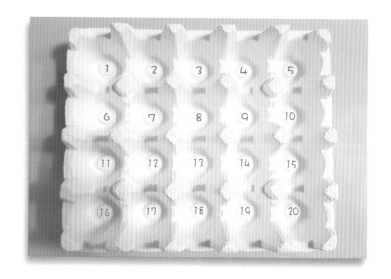

孩子的世界處處都隱藏著數字和規律。利用隨手可得的雞蛋盒來嘗試「跳著數數」，還可以瞭解上下排的數字關係，讓孩子找出數的規律。

● **基礎概念** 能數出1～10的數
● **目標概念** 找出10以內的數字規律
● **準備物品** 10格雞蛋盒1個、油性筆1支、圍棋棋子10顆

 確認基礎概念

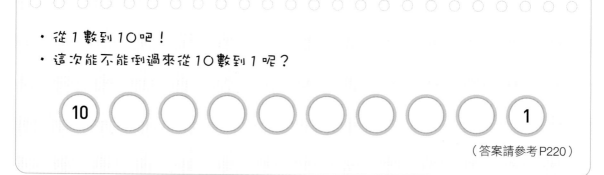

· 從 1 數到 10 吧！
· 這次能不能倒過來從 10 數到 1 呢？

| 10 | | | | | | | | | 1 |

（答案請參考P220）

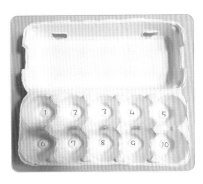

1 在圍棋棋子上寫1到10的數字。

2 將寫好數字的棋子按照順序放進雞蛋盒裡。

3 看看從上排到下排，數字變大了多少呢？

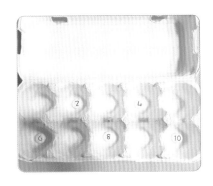

4 將間隔一格的棋子取出，讓孩子試著「跳著數數」。

讓遊戲更好玩的訣竅

▶ 家裡如果沒有圍棋，也可以利用煮熟的雞蛋或色紙剪成圓形來玩。

Upgrade 熟練遊戲之後，可以升級成用30格的雞蛋盒來尋找數的規律。

再次複習！孩子都理解了嗎？

以下的空格內該放什麼數字呢？

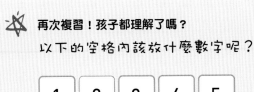

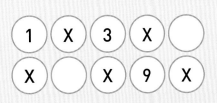

（答案請參考P220）

05

玩偶消失了嗎？

　　我曾經做過一個實驗，在一歲的孩子面前將玩偶放到板子後面，然後再將板子拿開。如果玩偶消失了，孩子凝視的時間會比玩偶有出現的情況更久，因為孩子意識到本該存在的物品不見了，這也代表儘管是未滿一歲的孩子，也已經具備數的概念。而現在要介紹的就是活用這個原理的遊戲。

- ● **基礎概念**　能數出1～10的數
- ● **目標概念**　10的分解與組合
- ● **準備物品**　不透明文件夾1個、玩偶3個

　確認基礎概念

有兩隻小狗在玩耍，又有另一隻小狗跑過來玩，這樣總共有幾隻小狗呢？

（答案請參考P220）

1 將不透明文件夾斜靠在牆上當成遮擋的板子。

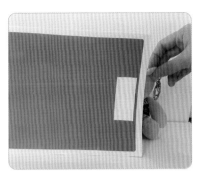

2 讓孩子看著3個玩偶被放到板子後面。

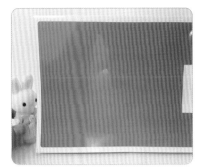

3 在孩子面前將1個玩偶從板子後取出。

4 讓孩子想想板子後面還剩下幾個玩偶,接著拿起板子確認正確答案。

讓遊戲更好玩的訣竅 tip 8

▶ 要注意玩偶必須比板子小才不會露出來。如果沒有玩偶,可以在紙上畫玩偶來取代。

▶ 這個遊戲能讓孩子體驗在腦中思考數量。一開始可以發出聲音來數數,之後再循序漸進在心中數數。

Upgrade 玩偶的數量及進出遮擋板子的次數可以逐漸增加。

 再次複習!孩子都理解了嗎?

有5隻熊進入空房子裡,後來有3隻去了市場,又有1隻跑回來,這樣房子裡總共有幾隻熊呢?

(答案請參考P220)

06

找出能湊成 10 的搭檔吧

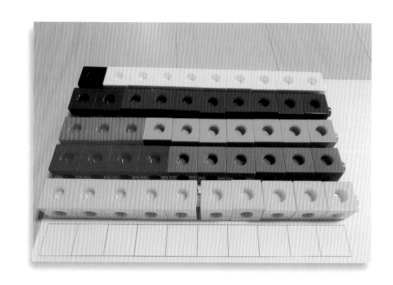

　　這個遊戲是透過在空格內放上適當數量的積木找出能湊成一對的數。在學習期間，孩子會反覆嘗試，從經驗中逐漸形成數的概念。孩子熟悉這個遊戲後，就算不用看著實物也能自行憑空思考。

- **基礎概念**　能數出1～10的數，並了解5的分解與組合
- **目標概念**　10的分解與組合
- **準備物品**　空白紙1張、索瑪立方塊（一般方塊或積木亦可）數個、數字貼紙數張

 確認基礎概念

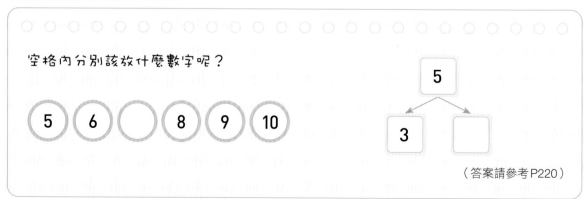

空格內分別該放什麼數字呢？

⑤　⑥　◯　⑧　⑨　⑩

```
      5
     ↙ ↘
   3      ☐
```

（答案請參考P220）

1 在空白紙上自行畫出10個空格數排。（可運用附錄P227。）

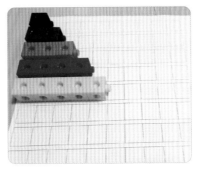

2 爸媽從1到5，依序將索瑪立方塊放在紙上。

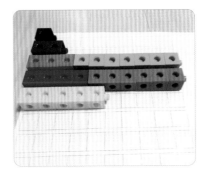

3 讓孩子試著將每排索瑪立方塊都湊成10個。

4 將數字貼紙貼在索瑪立方塊上，並且反覆操作上述步驟兩三次。

讓遊戲更好玩的訣竅 tip

▶ 為了順利找出成對的數，可以使用不同顏色的索瑪立方塊。孩子熟悉這遊戲後，可以讓孩子自己貼貼紙，藉此能更明確的認知成對的數。

Upgrade 不放索瑪立方塊，只用數字找出成對的數。

再次複習！孩子都理解了嗎？

空格內該放什麼數字呢？

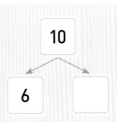

（答案請參考P220）

07

邊吃邊玩！用孩子的零食玩數字

　　使用孩子喜歡的零食，更能誘發孩子數數的動機！這是有助於理解十進位原理的遊戲。雖然孩子能將12個物體分成「6個與6個」、「7個與5個」，但是從運算的角度而言，分成「10個與2個」才是最方便的拆解法，透過這遊戲孩子可以學到這個算數訣竅。

- ● **基礎概念**　能數出1～100的數
- ● **目標概念**　熟悉100以內數的概念
- ● **準備物品**　紙數張、筆1支、圓圈狀麥片（或其他零食）、竹籤5～10支

 確認基礎概念

- ・從1數到10吧！
- ・從1數到100看看！
- ・55後面的空格是什麼數字呢？

（答案請參考P220）

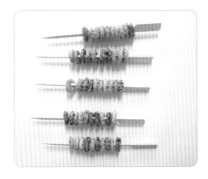

1 竹籤各串上10個麥片圈。

2 練習利用步驟**1**的竹串來排出10～19、20～29、30～39、40～49的數。

3 由大人在步驟**2**練習過的數字中擇一寫在紙上，讓孩子利用成串的麥片圈和零散的麥片來排出正確的數量。

4 這次交換角色，由孩子來出題。

 讓遊戲更好玩的訣竅

▶ 如果麥片圈在遊戲中容易脫離竹籤，可以用棉花糖或軟糖擋住兩端。

▶ 如果沒有零食可以串，可選擇用相同形狀的積木來替代。

Upgrade 孩子熟悉50以內的數字後，可以排100以內的數。

⭐ **再次複習！孩子都理解了嗎？**

・ 如果想排出 23，需要幾串（10個一串）再加上幾個麥片圈呢？

・ 如果有了串再加上5個麥片圈，麥片圈數量會是多少呢？

（答案請參考 P220）

08

雞蛋盒
好好玩②

　　這個遊戲的目的是要認識數字的十進位。例如，我們會說0～9是一位數，10以後就會進位成二位數。在日常中也有許多「10」的蹤影，像是手指有10隻，或襪子一捆有10雙等等。現在，就利用家裡一定會有的「10格雞蛋盒」來玩加減法遊戲吧！

● **基礎概念**　10以內的加法與減法，能數出1～20的數
● **目標概念**　20以內的加法與減法
● **準備物品**　紙一張、油性筆1支、10格雞蛋盒1個、圍棋棋子2～3顆（也可用小石頭、積木代替）

確認基礎概念

小花有6顆糖果，小明有3顆糖果，這樣小花和小明總共有幾顆糖果呢？

（答案請參考P220）

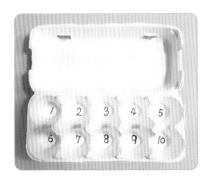

1 將雞蛋盒的格子依序標上 1～10的數字。

2 將2顆棋子放進雞蛋盒中，蓋上蓋子之後搖一搖。

3 打開蓋子確認格子中有棋子的數字分別為何，並將這兩數相加起來作為得分。

4 將步驟**3**的結果記錄在紙上，再輪另一個人進行步驟 **2**～**3**，玩3～5次之後將所有得分相加，可設定分數最高或最低的人獲勝。

讓遊戲更好玩的訣竅 tip

▶ 在玩遊戲的過程中，孩子可能會因為分數的高低而感到不甘心或耍賴，這種時候要讓孩子認知到，比起「獲勝」，更重要的是學會「遵守遊戲規則」。

Upgrade 放入3顆以上的棋子來進行遊戲。

 再次複習！孩子都理解了嗎？

如果小花和小明一起玩雞蛋盒加法遊戲，小花搖出了3和5，小明搖出了6和8，他們各得幾分呢？

（答案請參考P220）

09

像選手一樣射靶

如果曾在電視上看過射箭比賽，孩子更能興致勃勃地參與在這遊戲中。當孩子親自體驗到數字是如此活用在我們的日常生活，就會更融入於數學相關的活動。

- **基礎概念** 10以內的加法與減法，能數出1～20的數
- **目標概念** 20以內的加法與減法
- **準備物品** 彩色圖畫紙（或色紙）數張、筆1支、圍棋棋子2顆

 **確認基礎概念**

小花有5顆糖果，小明有8顆糖果，這樣小花和小明總共有幾顆糖果呢？

（答案請參考P220）

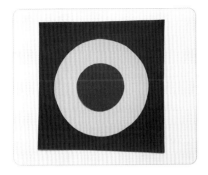  

1 利用彩色圖畫紙製作標靶，建議不同區塊使用不同顏色，可放大視覺效果。

2 孩子和大人一起討論標靶各區的分數。

3 將標靶放在地上，站在一定的距離後，丟出2顆棋子來射靶得分。

黑蒾
$10+2=12$
$0+2=2$
$5+5=10$

白蒾
$5+0=5$
$2+0=2$
$10+5=15$

4 將射靶的分數全部相加之後算出總得分，總分最高的人就是贏家！

 讓遊戲更好玩的訣竅 **tip**

▶ 標靶的形狀不一定要圓形，可以自由變化。像是還能用家中竹蓆折成四方形後分區作為標靶，或是在雞蛋盒的格子裡標上分數也可以。

▶ 活動範圍足夠的話，準備三個籃子各標上分數之後，也可以用投球的方式玩。

Upgrade 設定「扣分」的區塊，就能一併體驗到加法和減法。

☆ **再次複習！孩子都理解了嗎？**

小花的棋子丟中6和12，小明丟中了7和9，請問誰贏了呢？

（答案請參考P220）

10

釣起數字魚

　　活用五感遊戲中小孩很喜歡的「釣魚遊戲」，變化成玩「釣數字」的遊戲吧！這個遊戲只需要注意一點，就是魚身上標示的數字，不管是1到5，或1到20都好，記得符合孩子目前的程度就可以。

- ● **基礎概念**　10以內的加法與減法，能數出1～20的數
- ● **目標概念**　20以內的加法與減法
- ● **準備物品**　色紙數張、色鉛筆1支、迴紋針數個、筷子1雙、棉線1條、磁鐵1塊

確認基礎概念

- ・先從1數到20吧！
- ・小花有6顆糖果，小明有7顆糖果，這樣小花和小明總共有幾顆糖果呢？

（答案請參考P220）

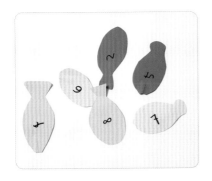

1 將各色色紙剪成魚的形狀，並寫上數字。

2 將迴紋針夾在魚身上。

3 把棉線綁在筷子上，並將磁鐵固定在線的尾端，做出釣魚竿。

4 用釣魚竿來釣魚。

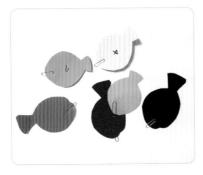

5 釣到兩隻魚之後，將上面所寫的數字相加或相減。

讓遊戲更好玩的訣竅 **tip**

▶ 可以自由制訂比賽規則，例如孩子和大人輪流釣兩隻魚，並寫下算式來做相加或相減，得分高或低的人獲勝。

▶ 將魚翻到看不見數字的那一面，可以體驗到「偶然」的驚喜效果。

Upgrade 釣三隻魚之後寫出算式計算。例如釣到3、5、7：「35+7」或「37-5」。

☆ **再次複習！孩子都理解了嗎？**

小花釣到的魚是3和5，小明釣到的魚是6和4，
分別相加之後誰的數更大呢？

（答案請參考P220）

11

彈珠滾數字山洞

　　無法預料結果的遊戲能帶給孩子滿滿的期待感，尤其這個遊戲只要利用簡單的材料就能製作出讓孩子開心算數學的玩具！不過，請記得要先瞭解孩子當下的算數程度，如果孩子尚未熟悉比較大的數字，就先玩一位數練習，等到能熟悉數字時再混合二位數來玩吧！

● **基礎概念**　10以內的加法與減法
● **目標概念**　20以內的加法與減法
● **準備物品**　色紙數張、筆1支、盤子1個、彈珠1顆、膠帶

確認基礎概念

・先從1數到20吧！

・小花有8顆軟糖，小明有5顆軟糖，這樣小花和小明總共有幾顆軟糖呢？

（答案請參考P220）

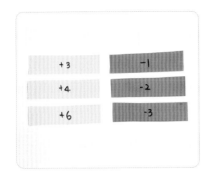

1 用色紙做出5到7個加減法的紙條，並以環形黏在盤子上。

2 製作數張數字卡後覆蓋，然後從中選出一張，作為起始數字。

3 將彈珠放上盤子後，透過傾斜盤子讓彈珠滾動。觀察彈珠通過環的數字，再與起始數字相加或相減。

起始數字：6
6+3-1-2+3+4 = 13

4 可以自訂任務規則。例如看誰得到「最接近10的數字」或「最大的數字」等，讓遊戲更有趣！

讓遊戲更好玩的訣竅 **tip**

▶ 注意盤子上紙條立起的幅度，洞口要比彈珠大才能輕易通透。

▶ 紙條上的加減數字需考慮孩子目前的算數水準。可以只做加法，也可以加入減法。不過在加入減法時要留意，盡量不要讓結果出現比「0」還小的狀況。

Upgrade 增加紙條的數量，或是混合二位數。

再次複習！孩子都理解了嗎？
小花從10開始，彈珠滾到了＋5、－2、＋3，結果是多少呢？

（答案請參考P220）

12

我們家的超市開張囉！

　　先觀察看看超市傳單上販售的商品，再重新將商品分類、製作成廣告傳單或菜單，是一項能認識新事物並加以整理分類的遊戲。再加入指定價格來玩超市遊戲，有助於孩子熟悉「數與消費」的概念。

- ● **基礎概念**　能數出1～20的數，10的分解與組合
- ● **目標概念**　20的分解與組合
- ● **準備物品**　大紙1張、筆1支、超市傳單、剪刀、膠水、圓片形教具數個（可用圍棋棋子代替）

 **確認基礎概念**

- ・從1數到20吧！
- ・小花有1顆軟糖，小明有2顆軟糖，這樣小花和小明總共有幾顆軟糖呢？

（答案請參考P220）

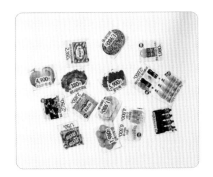

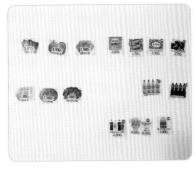

1 從超市傳單上剪下食物照片。

2 依照種類將食物照片分類，例如水果、蔬菜、零食、飲料……，接著用膠水貼在準備好的紙上。

3 寫下各項品名和價格，如此「我們家的超市」傳單就完成囉！

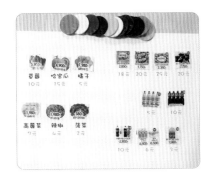

4 開始超市遊戲！由孩子扮演老闆，大人扮演顧客，用圓片形教具取代錢幣。

讓遊戲更好玩的訣竅 tip

▶ 可以支付比商品定價更多或更少的錢，讓孩子自己計算要找多少或缺多少。

▶ 選擇兩三種商品後計算總價是多少，可以打好加法的基礎。

▶ 如果孩子已經有數字概念，可將傳單上的價格剪掉，以免妨礙孩子的創造力。

⚝ **再次複習！孩子都理解了嗎？**

我們家的超市一顆蘋果賣5元，那兩顆蘋果要多少錢呢？

（答案請參考P220）

13

兩隻兔子需要
幾根紅蘿蔔呢？

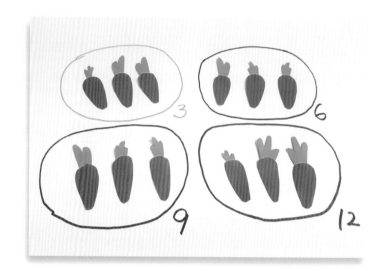

　　孩子對於「一對一對應」的理解達到何種程度了呢？如果已經理解透徹了，這時可以接著進行的遊戲就是「跳著數數」。這裡舉的例子是兔子和紅蘿蔔，不過也可以拿孩子在家裡喜歡的玩偶來玩，例如：獅子的鞋子有幾隻、恐龍的食物有幾個等等。

● **基礎概念**　100以內順著數和跳著數
● **目標概念**　跳著數數、認識倍數
● **準備物品**　動物玩偶5個以上、迴紋針或圍棋棋子20個以上

 確認基礎概念

- 吃飯時間到了，如果要分給小花和小明各兩根筷子，總共需要幾根筷子呢？
- 右手手指頭總共有5根，小花和小明的右手手指頭總共有幾根呢？

（答案請參考P220）

1 如上圖所示，在1隻兔子玩偶前放3根紅蘿蔔。紅蘿蔔可以用色紙做，也可以用迴紋針等物品來替代。

2 多放1隻兔子後由大人問：「如果多了1隻兔子，總共需要幾根紅蘿蔔呢？」並給孩子一些時間思考。

3 再次多放1隻兔子，並問：「如果有3隻兔子，總共需要幾根紅蘿蔔呢？」

4 現在試著不放兔子玩偶，確認孩子能不能憑空想像在增加成4隻、5隻、6隻兔子的狀況下需要幾根紅蘿蔔。

讓遊戲更好玩的訣竅 tip

▶ 最簡單的跳著數數由2的倍數和5的倍數開始，所以可以先從「依人數數筷子」（2的倍數），以及「手指頭有幾根」（5的倍數）入門。

▶ 一開始可以利用具體物品來數數，熟悉之後，就算沒有物品在眼前也能自行跳著數數。

Upgrade 熟練2、5的倍數之後，試著練習3、4的倍數，熟悉後可以嘗試6以上的倍數。

 再次複習！孩子都理解了嗎？

每隻兔子給3根紅蘿蔔，如果有6隻兔子，總共需要幾根紅蘿蔔呢？

（答案請參考P220）

14
蔬菜的
創作遊戲

　　家中冰箱裡是不是常常會有放太久的蔬菜呢？或是，忙著做飯的時候小孩不停在旁搗亂？這時候俐落的切幾塊蔬菜放在孩子手裡，孩子可以學習認識各種形狀，甚至可以用來創作美術作品呢！

- **基礎概念**　區別三角形和四邊形
- **目標概念**　區別多邊形
- **準備物品**　圖畫紙數張、各色水彩、蔬菜適量

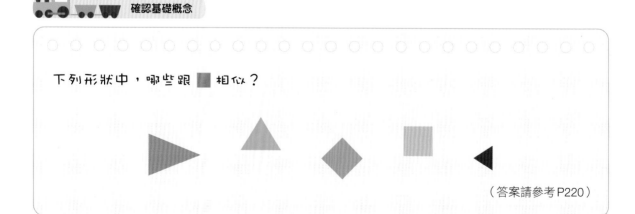

確認基礎概念

下列形狀中，哪些跟 ■ 相似？

（答案請參考 P220）

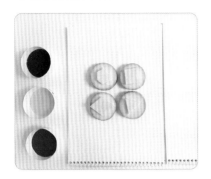

1 將蔬菜切成不同的形狀,做出數個蔬菜印章。

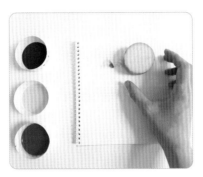

2 將印章沾上水彩後蓋在圖畫紙上。

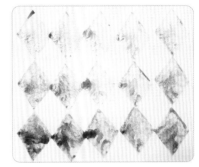

3 重複蓋相同形狀的印章,形成序列圖案。

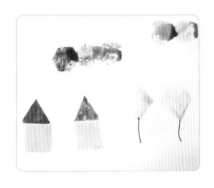

4 活用各種形狀來自由創作美術作品。

讓遊戲更
好玩的訣竅　**tip**

▶ 一開始就讓孩子自由探索,隨心所欲的蓋印章。

▶ 孩子充分探索之後,由大人詢問:「有什麼東西跟這個形狀很像呢?」然後讓孩子找出圖形的共同點。

Upgrade 配合孩子基礎知識的水準,適當指出圖形有幾邊以及圖形的名稱。

✡ **再次複習!孩子都理解了嗎?**

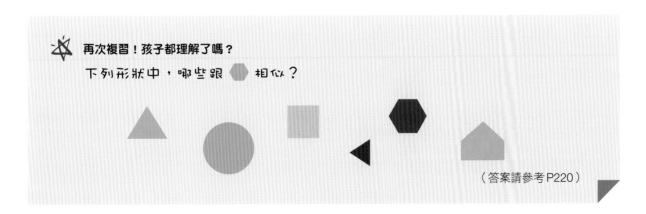

下列形狀中,哪些跟 ⬡ 相似?

(答案請參考P220)

15

用吸管吹「三角形、四邊形」泡泡

這次介紹當孩子已經會區分基本圖形時能玩的趣味遊戲。透過這個泡泡遊戲，孩子不僅可以在浴室、陽台、公園等場所玩得盡興，還能更加熟識基本的圖形——三角形和四邊形。

● **基礎概念** 區別三角形和四邊形
● **目標概念** 認識三角形和四邊形的特性
● **準備物品** 彎管吸管20支、膠帶、肥皂泡泡液、托盤

確認基礎概念

下列形狀中，哪些跟 ▼ 相似？

（答案請參考P220）

1 先製作玩泡泡工具。將吸管短的那端壓扁後折一下（吸管孔從側面看是心形）。

2 接著插入另一支吸管的長段，將兩支吸管連接起來。

3 繼續連接吸管，做成各種形狀（三角形需要連接3支、四邊形需要4支）。

4 再分別連接兩支吸管做成手把。手把與圖形相連的部分用膠帶纏繞固定。

5 將肥皂泡泡液倒入托盤。

6 將步驟**4**做好的玩泡泡工具放進步驟**5**的泡泡液浸濕，就可以開始玩泡泡囉！

 讓遊戲更好玩的訣竅

▶ 如果步驟**1**到**3**由孩子製作，那麼「做手把的步驟」要由大人來做才適當。因為若手把也是由孩子來做，可能會因為「所需吸管的數量跟圖形邊數不符」而產生錯誤理解。

▶ 跟孩子一起討論：用三角形和四邊形工具玩而產生的泡泡有何差異？

☆ **再次複習！孩子都理解了嗎？**
如果想做出三角形，需要幾支吸管呢？

（答案請參考P220）

16

滾動積木的
創意畫作

　　生活周遭有相當多的立體物品，因此關於立體圖形，孩子大多是直觀且自然而然的理解。經驗會告訴他「球很容易滾動」「骰子不會滾」。這次要玩的遊戲就是一起嘗試這樣的體驗。

- **基礎概念**　辨別立體圖形
- **目標概念**　理解立體圖形的特性
- **準備物品**　圖畫紙2張、各色水彩、各種形狀的積木（可用球狀教具替代）、紙杯2～3個、四方盒、剪刀

　確認基礎概念

下列形狀中，哪個跟 ⬛ 相似？

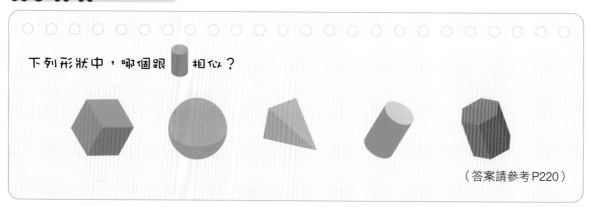

（答案請參考P220）

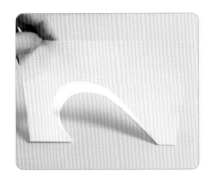

1 將一張圖畫紙折成一半,用剪刀剪出上圖的形狀。

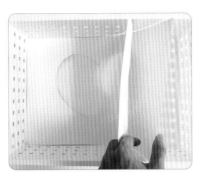

2 在四方盒內鋪上另一張完整的圖畫紙,上面再鋪上步驟**1**裁剪後的圖畫紙。

3 水彩顏料調入少量的水,再將積木放入均勻沾上顏料。

4 將積木放到四方盒上,傾斜盒子讓積木來回滾動。

5 取出裁剪後的圖畫紙,底下那張美麗的作品就完成啦!

6 跟孩子討論哪種積木容易亂滾、哪種只朝直線滾動。

讓遊戲更好玩的訣竅 **tip**

▶ 尚未明白「立體與平面」差異的孩子,可能會把「球」說成「圓形」、把「正方體」說成「正方形」吧?這其中的差異可以日後再跟孩子說明,目前這階段先著重在討論「只朝直線滾動、會朝很多方向滾動、不會滾動」等特性。

再次複習!孩子都理解了嗎?

下列形狀中,哪些圖形「只會朝直線滾動」呢?

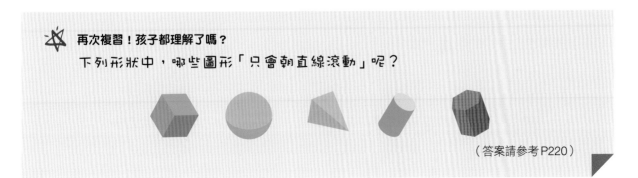

(答案請參考P220)

17
找出躲在家裡的立體圖形

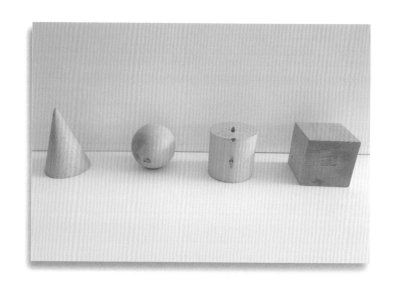

　　「這是三角形、四邊形、圓形……」開始分辨平面圖形的孩子也會慢慢對生活中的立體圖形產生興趣。以下是可以一邊玩遊戲、一邊觀察，還能一邊分類生活中的物品的方法。

● **基礎概念**　辨別立體圖形
● **目標概念**　理解立體圖形的特性
● **準備物品**　立體圖形的模型數個、家裡的各種物品

確認基礎概念

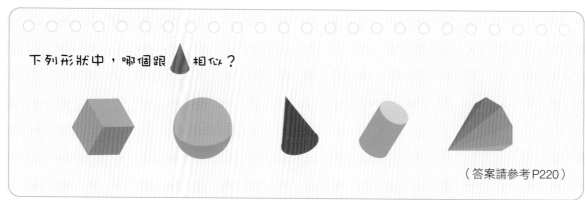

下列形狀中，哪個跟 🔺 相似？

（答案請參考P220）

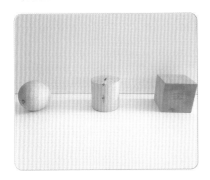

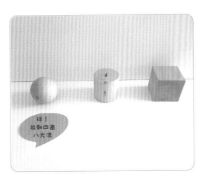

1 先讓孩子自由觀察不同的立體模型。

2 由大人說出各立體模型的名稱與特徵,接著讓孩子再次觀察。

3 讓孩子從家裡找出跟剛剛觀察的立體模型相似的物體。

4 確認所找的物品是否符合立體模型的形狀。

 讓遊戲更好玩的訣竅 **tip**

▶ 跟孩子說明立體模型的特徵時,請參考第33頁的說明。

再次複習!孩子都理解了嗎?

下列形狀中,哪個圖形相似於廁所的「捲筒衛生紙」呢?

(答案請參考P220)

18

用積木做出
對稱圖形

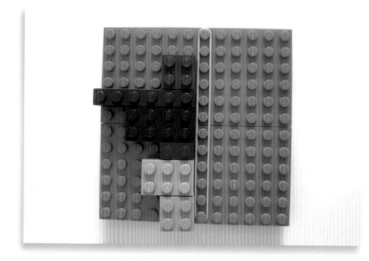

對幾何圖形變換的理解力，是以「圖形的平移、圖形的鏡射、圖形的旋轉」的順序發展。其中的「鏡射」和「旋轉」雖然是稍微困難的概念，但孩子滿一歲後就會出現直觀的認知。這個遊戲正是能讓直觀認知再更明確的遊戲。

- **基礎概念** 找出相同圖形
- **目標概念** 排列出對稱圖形
- **準備物品** 樂高積木數個、橡皮筋1條

 確認基礎概念

如果想把積木排得像右邊照片一樣，
各需要幾個積木呢？

藍色積木 　　黃色積木 　　粉色積木

◯ 個 　　　◯ 個 　　　◯ 個

（答案請參考P220）

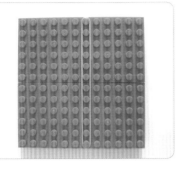

1 在積木底板上利用橡皮筋做出對稱軸。

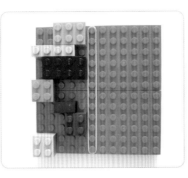

2 大人先在橡皮筋左側隨意排列積木。

3 請孩子把橡皮筋想成一面鏡子,在右側將積木排出對稱的形狀。

4 最後確認完成的形狀是否正確。

讓遊戲更好玩的訣竅 tip

▶ 建議一開始用較大塊的積木比較明確。

▶ 也可以嘗試排出愛心或四邊形等對稱圖形的一半。

Upgrade 熟悉遊戲之後可以增加積木的數量,也可以開始往上堆2、3層,增加難度。另外,如果不用積木,改用「色紙剪出圖形」,能讓形狀更多元豐富。

再次複習!孩子都理解了嗎?

想像下圖照鏡子形成對稱,會呈現出右邊的哪個形狀呢?

(答案請參考P220)

19

你能堆出跟我一樣的形狀嗎？

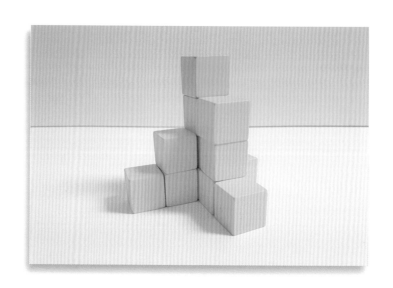

透過「堆起方塊積木，從不同方向觀察」的活動，能幫助孩子脫離自我中心的角度，從多元方向觀察一個目標進而豐富思考。如果家裡沒有方塊積木，也可以使用塑膠積木。特別要注意的是，孩子當下的理解程度，可先用8個積木開始玩也無妨。

- **基礎概念**　用各種方法堆疊方塊積木
- **目標概念**　將方塊積木堆出同樣的形狀
- **準備物品**　方塊積木16個、相機或手機

 確認基礎概念

拿8個方塊積木堆出各種形狀看看吧！

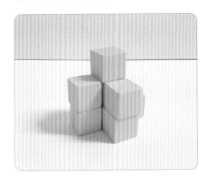

1 先由大人隨意堆起8個方塊積木。

2 拍一張所有積木都入鏡的清楚照片，然後將堆好的積木遮住。

3 讓孩子一邊看著照片，一邊用剩下的方塊積木堆出一樣的形狀。

4 等孩子完成之後，兩相比較看看是否正確。

 讓遊戲更好玩的訣竅

▶ 角色對調，由孩子出題，堆出一個形狀後拍照，請大人解題。

▶ 如果沒有方塊積木，也可以利用樂高積木。

Upgrade 逐漸增加方塊積木的數量。

☆ 再次複習！孩子都理解了嗎？

如果想排出右邊照片中的圖形，需要幾個積木呢？

（答案請參考P220）

20

方塊積木版的四子棋

　　四子棋跟在棋盤上玩的五子棋原理一樣,只要四顆棋連成一線就獲勝。但方塊積木能往上堆疊,在玩的過程中自然能找出跟平常玩的五子棋不同的規則。對孩子來說,是一個既有趣又有挑戰性的遊戲。

- ● **基礎概念**　堆疊方塊積木,能數出1~5的數
- ● **目標概念**　有戰略地堆疊方塊積木
- ● **準備物品**　紙1張、筆1支、方塊積木約20個、兩種不同顏色的貼紙數張

　確認基礎概念

試著堆出跟右邊照片一樣的形狀吧!

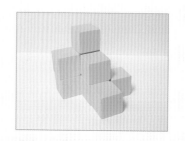

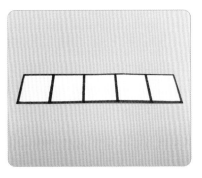

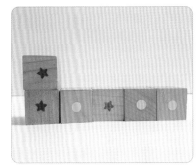

1 如上圖，在方塊積木上貼上兩組貼紙。

2 依照積木長寬大小，在紙上畫5個格子，代表橫向最多只能放5個積木。

3 依照貼紙顏色分成兩隊，在步驟**2**的紙上輪流一次放1個積木進行遊戲。

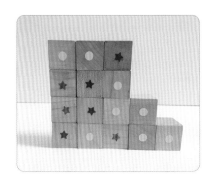

4 當相同顏色的積木以橫向、縱向或對角線有4個連成一線就獲勝。

讓遊戲更好玩的訣竅

▶ 如果孩子覺得遊戲有難度，可以先用棋盤嘗試玩五子棋或四子棋。

▶ 告訴孩子何時「該阻擋」，例如：「同樣顏色有3個相連就要先阻擋，但是如果有一端是邊界就不需要擋的訣竅」。

Upgrade 橫軸可以加寬，從5格開始，增加到7格、10格，但可能同時需增加積木數量。

再次複習！孩子都理解了嗎？
右側圖示在玩四子棋，現在輪到紅隊下棋，應該把積木放在哪裡呢？

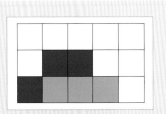

（答案請參考P220）

21

這是什麼圖形的角角呢？

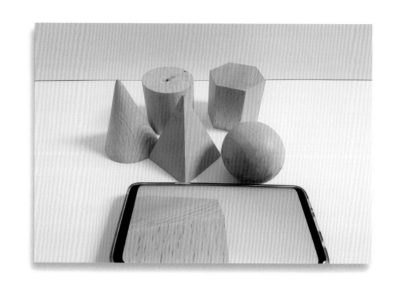

　　如果已經充分理解立體圖形的特徵與形狀，接下來只看立體圖形的某個部位就能類推出整體的形狀。這個遊戲使用照片來觀察立體物品的某一部分，試著類推出圖形的全貌。

● **基礎概念**　辨別立體圖形
● **目標概念**　理解立體圖形的特性
● **準備物品**　立體圖形的模型數個、相機或手機

 確認基礎概念

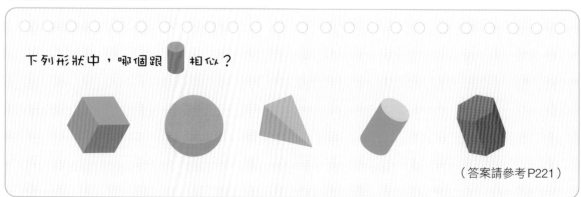

下列形狀中，哪個跟 相似？

（答案請參考 P221）

1 一起觀察各種立體圖形。

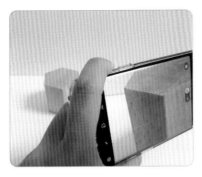

2 先由大人拍下立體圖形的某個部分,讓孩子看照片猜測是哪種圖形。

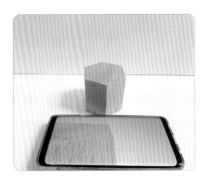

3 相片跟實際模型相比,確認正確答案。

4 交換出題者和答題者角色。

讓遊戲更好玩的訣竅

▶ 進行遊戲前先觀察家中物品,充分熟悉立體圖形的特性。

Upgrade 可以提高觀察難度,試著拍下圖形更小的部分來推測。

再次複習!孩子都理解了嗎?

下圖是右列中哪個圖形的一部分呢?

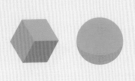

(答案請參考 P221)

22

疊疊樂！
四邊形和三角形

　　大人告訴小孩的圖形經常都是典型的圓形、三角形、四邊形，這樣一不小心就可能造成孩子對圖形有視覺上的固定觀念，所以務必要嘗試做出不那麼工整、歪歪斜斜的四邊形和三角形讓孩子產生更多思考！

- **基礎概念**　辨別三角形和四邊形
- **目標概念**　做出各種三角形和四邊形
- **準備物品**　空白紙1張、玻璃紙數張、剪刀、膠帶

　確認基礎概念

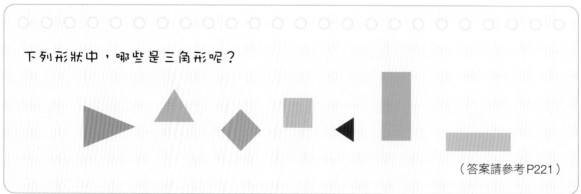

下列形狀中，哪些是三角形呢？

（答案請參考P221）

1 用玻璃紙剪出各種大小的三角形和四邊形。

2 從剪好的圖形中任意挑出兩個相疊在一起。

3 讓「相疊處」的形狀呈現各種三角形或四邊形。

4 用膠帶將圖形貼在白紙上。

讓遊戲更好玩的訣竅 tip

▶ 這遊戲不練習常見的三角形、四邊形，而是讓孩子體驗各種三角形、四邊形。較固執的孩子或許會說「這不是三角形啊～」，這時大人要不慌不忙的點出三角形的特徵。

Upgrade 重疊3個以上的圖形，或用玻璃紙剪出各種圖形來相疊。

✬ **再次複習！孩子都理解了嗎？**
試著將圖形重疊，做出這樣的四邊形吧！

23

立體圖形的影子遊戲

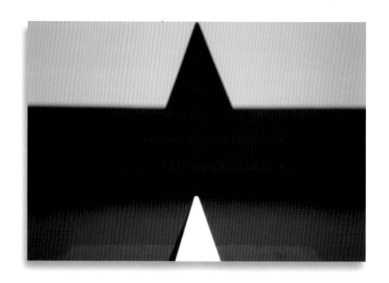

孩子在這個階段要辨別立體圖形與平面圖形時會遇到困難，像是容易把正方體誤認為「四邊形」、三角柱誤認為「三角形」、球體誤認為「圓形」。因此在發展幾何概念的時期，我們可以透過這個遊戲，增加孩子探索立體圖形的經驗。

● **基礎概念** 辨別立體圖形
● **目標概念** 理解從各方向所見的立體圖形
● **準備物品** 立體圖形的模型數個、手電筒1支

 確認基礎概念

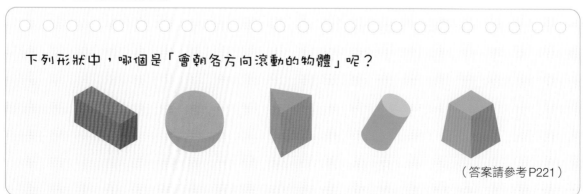

下列形狀中，哪個是「會朝各方向滾動的物體」呢？

（答案請參考P221）

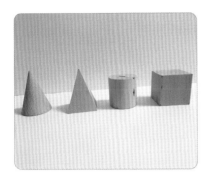

1 將立體模型放在桌上，並跟孩子從各種方向觀察。這時大人要分別説出立體模型的形狀。

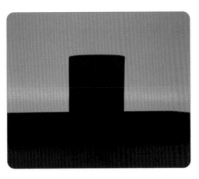

2 關燈後用手電筒照明，在牆上照映出立體圖形的影子。

3 從不同方向投射，使影子可以變化出不同的形狀。

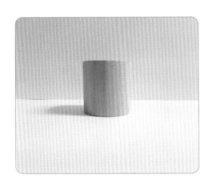

4 接著就可以進行「看影子猜出立體圖形」的遊戲。

讓遊戲更好玩的訣竅 **tip**

▶ 影子遊戲最好投影在白牆較清楚。

▶ 也可以用玩偶、玩具等孩子喜歡的物品進行影子遊戲，提高孩子的興趣。

▶ 透過體驗能讓孩子充分地理解「從不同方向觀看物體會呈現不同形狀」。

再次複習！孩子都理解了嗎？

下面右列中哪個立體圖形的影子會長得像左框呈現的樣子呢？

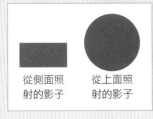

從側面照射的影子　從上面照射的影子

（答案請參考 P221）

83

24

比一比，
哪條報紙更長？

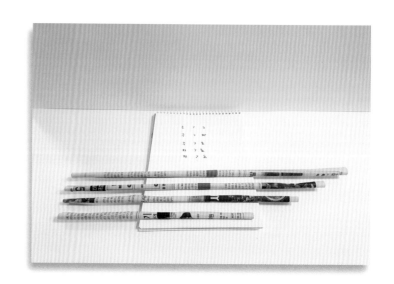

　　相信爸爸媽媽們應該都聽過孩子自然地說出「我比小明高，比小花矮」，對嗎？通常學齡前的孩子已經能將兩個以上的物體放在一起比較長短，因此現在介紹的這個「測量長度」的遊戲很適合跟這時期的孩子一起玩，藉此鞏固測量與比較的概念。

- **基礎概念**　比較兩個物體的長度
- **目標概念**　比較兩個以上的物體長度
- **準備物品**　報紙數張、色紙數張、膠水

 **確認基礎概念**

下面哪根棒子更長呢？

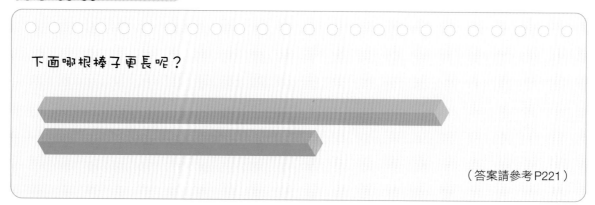

（答案請參考P221）

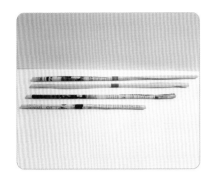

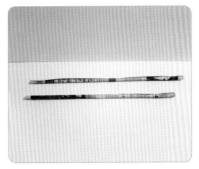

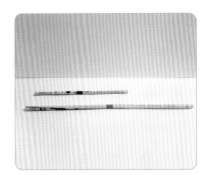

1 將報紙分別捲成不同長度的長條狀，並各自套一圈不同顏色的色紙，再固定，如此做出4根紙棒。

2 兩兩比較紙棒長度。先比較綠色紙棒和黃色紙棒。

3 再比較橘色紙棒和藍色紙棒的長度。

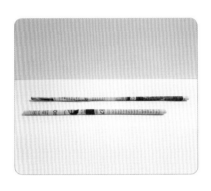

4 接著要比較橘色和黃色、綠色和藍色等不同組合的紙棒長度，然後試著由長到短排列出來。

讓遊戲更好玩的訣竅

▶ 目的是要在「橘＞綠、黃＞藍、綠＞黃」的條件下推測長短的順序。

▶ 交給孩子選擇要互相比較的紙棒組合，可以培養孩子的邏輯能力。例如：在比較橘和黃、藍和綠的紙棒之後，讓孩子自己選擇接下來要比較的組合。

Upgrade 若孩子已能輕易判斷4根紙棒的長度後，可增加棒子的數量。

再次複習！孩子都理解了嗎？

紅色棒子比黃色棒子長，綠色棒子比藍色棒子長，
藍色棒子又比紅色棒子長，那麼四根棒子當中哪根最長？

（答案請參考P221）

25

誰比較重？
翹翹板知道！

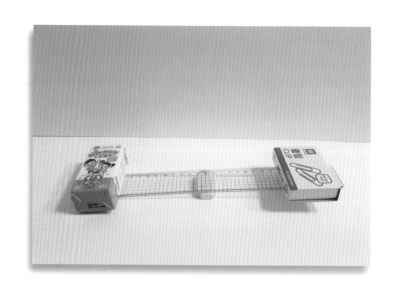

　　比起直觀比較物體的長度、寬度和體積，想判斷「誰比較重？」的問題對孩子來說是更有難度的。其中一個原因是因為重量看不見，就算是同樣大小的東西，重量也可能不一樣，而這個遊戲是利用簡單的工具來測量，找出相對更重和相對更輕的物體。

- ● **基礎概念**　比較兩個物體的重量
- ● **目標概念**　比較兩個以上的物體重量
- ● **準備物品**　30公分的尺1把、橡皮擦1個、待測重量的物品約4個

　確認基礎概念

請問下面是「漢堡」更重，還是「水果組合」更重呢？

（答案請參考P221）

1 將尺的中心放在橡皮擦上，保持兩端等長。

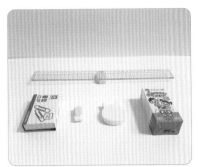

2 準備四個要拿來比較重量的物品。

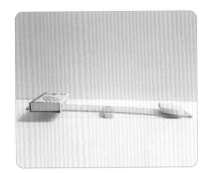

3 兩兩為一組測重之後，先告訴孩子如果要找出「最重的物品」，第三次要選擇量哪兩個物品。

4 接著再以不同組合測重，請孩子依「重到輕」排序四個物品。

讓遊戲更好玩的訣竅 tip

▶ 由於不是使用準確的秤來測量，如果物品重量的差異太小，孩子會以為翹翹板兩邊是平衡的而推論兩樣物品等重。因此，請準備重量差異較大的物品，如：「膠帶和迴紋針」、「橡皮擦和釘書機」等等。

▶ 留意物品放在尺的兩端時，需在差不多相等距離的位置。

Upgrade 隨著物品擺放的位置離中心的距離不同，秤的擺動也會有所差異。可以告訴孩子物品擺在尾端，或擺在靠近中心的位置時會有什麼變化。

再次複習！孩子都理解了嗎？

紅球、黃球、藍球的測量結果如下，請問哪顆球最重？

（答案請參考P221）

26

爸爸的腳比
媽媽的腳大嗎？

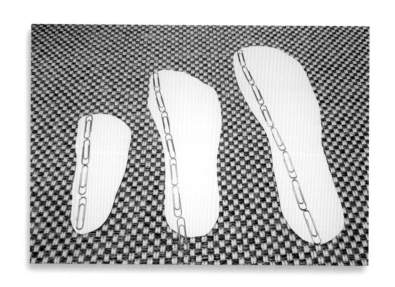

最基本的比較方式就是直接測量對象，但是當物體太重或太大的時候就無法這樣比較了。這就是為什麼需要測量單位的原因。為了知道「長了多少」、「寬了多少」，就需要「測量單位」，而這個遊戲的設計就是讓孩子能體認這點的重要性。

- **基礎概念**　比較長度
- **目標概念**　用任意單位測量長度
- **準備物品**　紙2～3張、筆1支、迴紋針數個

確認基礎概念

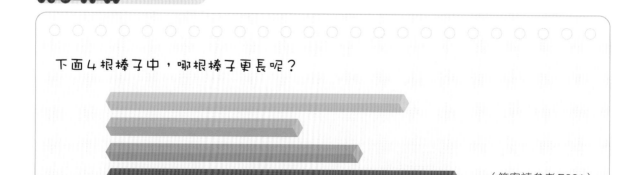

下面4根棒子中，哪根棒子更長呢？

（答案請參考P221）

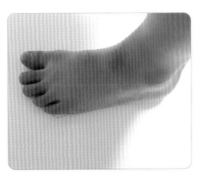

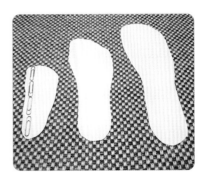

1 先比比看家人的腳有多大，並告訴孩子這時候可以用「測量單位」來比較。

2 在紙上描繪出爸爸、媽媽和孩子腳掌的輪廓，並沿線剪下來。

3 利用迴紋針當作測量單位，測出各自腳掌的長度。

〈我們家人腳掌的長度〉

我的腳：迴紋針 4 個

媽媽的腳：迴紋針 6 個半

爸爸的腳：迴紋針 8 個

4 記錄下每個人各用了幾個迴紋針，進行比較。

  讓遊戲更好玩的訣竅 tip 8

▶ 除了迴紋針以外，還有很多可以當成「任意單位」的東西。10元錢幣、圍棋棋子等具有固定形狀和大小的物品都可以。

▶ 這個遊戲最主要的目的是要讓孩子理解「為什麼需要用迴紋針測量長度」，所以要充分說明這部分。

 再次複習！孩子都理解了嗎？

爸爸的腳掌要 13 個迴紋針、媽媽的腳掌要 10 個迴紋針、你的腳掌要 5 個迴紋針，誰的腳最大呢？爸爸的腳比媽媽的腳多了幾個迴紋針呢？爸爸的腳比你的腳多了幾個迴紋針呢？

（答案請參考P221）

27

好漂亮！
按照順序串水果

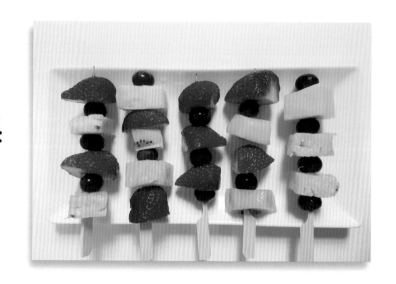

每天吃的水果也可以變成幫助孩子理解規律的遊戲素材！不論冰箱裡有什麼水果都可以，不過在遊戲時「不需要太嚴格要求遵守規則！」以免孩子的樂趣消失了，可能反而讓孩子討厭這個遊戲喔！

- **基礎概念** 兩個一組的重複規律
- **目標概念** 三個一組的重複規律
- **準備物品** 不同的水果（約一個指節大小）3～4種、竹籤數支、盤子1個

 **確認基礎概念**

下方空格內該放什麼數字呢？

$(1) - (2) - (1) - (2) - (1) - (\ )$

（答案請參考P221）

1 將水果都切成約一個指節大小的塊狀。

2 先讓孩子隨意地在竹籤上串水果。

3 再由大人決定串水果的順序，過程中讓孩子猜猜看下一個要串的水果是什麼。

4 這次改由孩子決定串水果的順序。

讓遊戲更好玩的訣竅

▶ 如果沒有適合的水果，也可以用軟糖或麥片替代。

Upgrade 準備三種不同形狀或顏色的水果，以各種序列做成水果串。像是101010、110110、012012。（這裡的0、1、2是指不同的水果。）

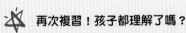

再次複習！孩子都理解了嗎？
下方空格內該放什麼水果呢？

（答案請參考P221）

28

用最愛的零食做出獨一無二的項鍊

　　許多孩子都喜歡拿有洞洞的珠珠串成項鍊，但由於小肌肉尚未發達，要順利完成並不容易。這裡推薦的替代方案是使用圓圈狀的麥片，不管是隨性地串或是依照規律來串，都是很有幫助的趣味活動。

● **基礎概念**　兩個一組的重複規律
● **目標概念**　三個以上的重複規律
● **準備物品**　各種顏色的麥片、細繩

 **確認基礎概念**

下方空格內該放什麼形狀呢？

●─✖─●─✖─☐─✖

（答案請參考P221）

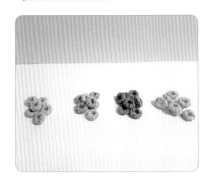

1 先依顏色將麥片圈分類。

2 在細繩的某一端綁緊一個麥片防止脫落，接著讓孩子隨意的串麥片圈。

3 由大人決定規律後串大約10個，再讓孩子接手按照規律串串看。

4 這次由孩子自己決定順序。

讓遊戲更好玩的訣竅 tip

▶ 用膠帶把細繩的尾端固定在桌上也可以防止脫落。

Upgrade 準備三種不同形狀或顏色的麥片，讓孩子看著下圖來完成序列。圖中的 ■●▲ 各代表不同顏色的麥片。

pattern 1 ●■●■●■■

pattern 2 ●▲■■●●▲■■

再次複習！孩子都理解了嗎？
下方空格內該放什麼顏色呢？

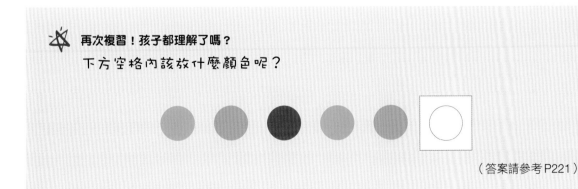

（答案請參考 P221）

29

我是小小書店員

　　資料分析最基本的活動就是找出共同點和差異點並加以「分類」。讓孩子依照書的內容將家裡的童書分類，如「科學書、故事書」，也可以依照孩子喜歡的素材或主角來分類，如「兔子書、恐龍書」，然後再按類別放回書架上。這樣的活動能讓孩子瞭解分類的概念和其必要性，也能更親近書本。

- **基礎概念**　將物品單純分成兩類
- **目標概念**　將物品分成三類以上
- **準備物品**　便利貼數張、筆1支、書數本

確認基礎概念

試試將下列圖形分成兩類吧！

（答案請參考P221）

1 觀察書架上的書，一起說說看適合怎麼分類。

2 決定分類的標準，並將類別寫在便利貼上。

3 將書本取來之後，按剛剛制訂的類別分類，並貼上類別名稱。

4 依照新指定的分類標準將書本放回書櫃裡。

讓遊戲更好玩的訣竅 **tip**

▶ 閱讀教育中很重要的一環正是依照孩子的喜好標準將書本分類收納，雖然會稍微麻煩一點，但能跟孩子一起度過富含意義的整理與學習時間！

▶ 雖然孩子的分類標準並不一定適合，但最重要的是願意嘗試，所以爸媽請多給予鼓勵。

Upgrade 親自帶孩子去圖書館或書店觀察書籍的分類方式，並跟孩子一起討論。

再次複習！孩子都理解了嗎？
你會怎麼將這些動物分成兩類呢？

（答案請參考P221）

Part 2

. . .

**準備好「紙跟筆」
就能玩的數學遊戲**

　　數學與我們的日常生活息息相關，甚至可以說是密不可分。然而許多孩子卻是從練習測驗卷，或透過考試來認識數學，因此在他們認知中總覺得數學是一門枯燥乏味又艱難的科目，導致進入小學後直接選擇放棄數學的孩子大有人在。

　　現在這個階段的數學學習目標應該是「讓孩子更理解生活中各種現象的關係，同時培養生活能力。」為了實踐這樣的目標，本章將介紹「只要有紙跟筆就能玩的數學遊戲」，讓數學輕鬆融入生活。尤其，當你覺得準備教具和材料很麻煩的時候，我相當推薦這些遊戲，不論是在餐廳等餐，或是出遊坐火車時，在許多情況下都能自然進行。

01

數字躲貓貓①

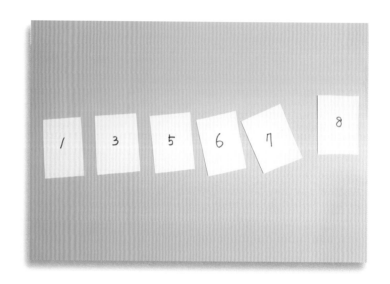

「我們來玩躲貓貓吧！」孩子從兩歲開始，就會對捉迷藏和找寶物的遊戲充滿興致。透過這個遊戲，孩子可以自己從被打亂的數字中找出數的前後關係，不再限於按「1、2、3……」排數列。

- **基礎概念** 能數出1～10的數
- **目標概念** 瞭解10以內的數字順序
- **準備物品** 空白紙數張、筆1支

確認基礎概念

下面兩個數中，哪個數字更大？

5 7

（答案請參考P221）

1 用準備好的紙跟筆製作出1到10的數字卡。

2 由大人將數字卡藏在適合孩子尋找的地方,然後讓孩子去找出藏好的數字卡。

3 設定一段尋找的時間。讓孩子先找出3到5張數字卡。

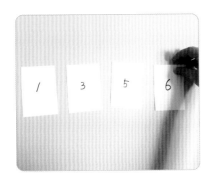

4 由孩子將先找出的數字卡依序排列,當10張全部找到後,遊戲就結束!

 讓遊戲更好玩的訣竅 **tip**

▶ 每找到一張數字卡就依序擺放位置,這樣可以自然比較數字大小。

Upgrade 將數字範圍增加到10以上,可以準備「1、5、8、12、16、19、22、26、30」這類間隔不定的數字卡。

⭐ **再次複習!孩子都理解了嗎?**

請問比5大但比7小的數字是什麼呢?

（答案請參考P221）

02

數字戒指的手指遊戲！

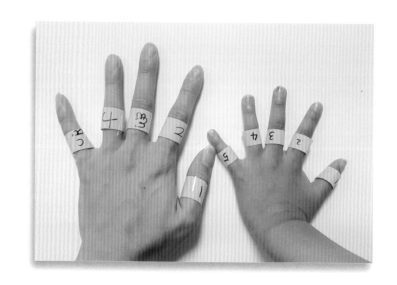

數數的方式有許多種，像是「1、2、3、4」「一個、兩個、三個、四個」「第一、第二、第三、第四」，可以用阿拉伯數字來數，也可以使用個數或順序來數。因為孩子還無法很清楚地區分各種數法的差別，透過玩這個簡單的遊戲，使用能表達數字順序的詞語，就能讓孩子逐漸熟悉多種數數方法。

● **基礎概念**　能數出1～5的數
● **目標概念**　瞭解5以內的數字順序
● **準備物品**　空白紙1張、簽字筆1支、膠帶

　確認基礎概念

有4個小朋友排成一列，從左邊數過去第3個小朋友的手裡拿著什麼呢？

（答案請參考P221）

1 製作1到10的數字戒指套在孩子的手指上。

2 「1是第一根，2是第二根……」由大人仔細地告訴孩子數字的順序。

3 由大人出題，使用能表達數字順序的詞語，如：「第一根不要折，第三根折！」讓孩子做出折指頭的反應。

4 這次交換角色，讓孩子出題，由大人做出反應。

 **讓遊戲更好玩的訣竅** **tip**

▶ 如果孩子還不熟悉「第一根、第二根……」這種詞語，可以改用「1號不要折，2號折」的說法。

Upgrade 熟悉玩法後，可以摘下數字戒指，空手玩玩看。

🚫 **再次複習！孩子都理解了嗎？**

有5個小朋友在排隊，
小花站在第3個位置，小明站在小花後面2個位置，
那麼小明站在第幾個位置呢？

（答案請參考P221）

03

誰能一起
湊成10 ？

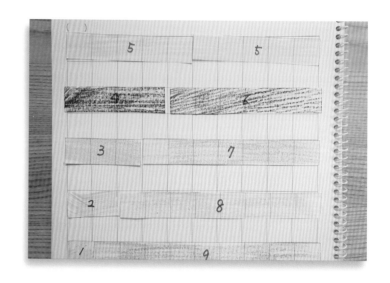

為了讓孩子理解10以內的加減法，這個遊戲算是十分有幫助，可以跟已經熟練5的分解與組合的孩子一起玩。除了有助於孩子脫離單純的機械式記憶，提升成能解決加法題目的階段，還能透過思考的過程來培養數感。

- **基礎概念**　能數出1～10的數，5的分解與組合
- **目標概念**　10的分解與組合
- **準備物品**　空白紙2張、色鉛筆數支、剪刀、膠水

確認基礎概念

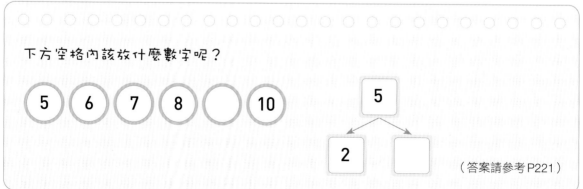

下方空格內該放什麼數字呢？

⑤　⑥　⑦　⑧　◯　⑩

```
        [ 5 ]
       ↙    ↘
   [ 2 ]    [   ]
```

（答案請參考 P221）

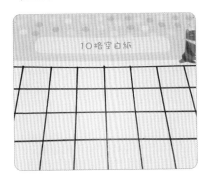

1 可在準備好的空白紙上畫上格子，每行10格。（可運用附錄P227。）

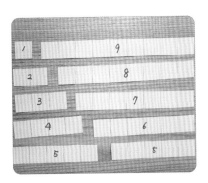

2 將每一行分成兩半，每行的拆解方式要不一樣。

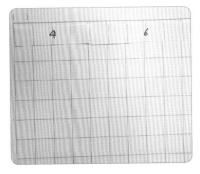

3 先在另一張畫好10格的空白紙中放上任一數字條，然後讓孩子找出能補滿剩下空格的紙條。

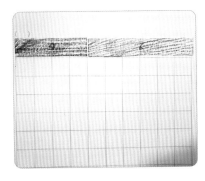

4 找到能湊成10的數字條之後，再用色鉛筆塗上相同的顏色。

讓遊戲更好玩的訣竅 **tip**

▶ 一開始要耐心等待，讓孩子有足夠時間摸索。如果大人輕易地說出答案，像是「缺了兩個，所以要找兩格的紙條」，可能會剝奪了孩子得到成就感的樂趣。

Upgrade 使用沒有顏色的數字條，反覆進行到可以直接比對為止。

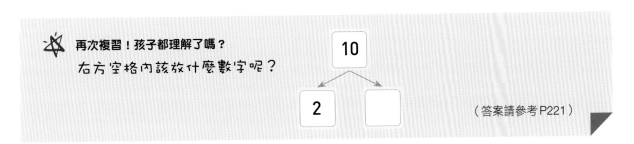

再次複習！孩子都理解了嗎？
右方空格內該放什麼數字呢？

10

2 ▢

（答案請參考P221）

103

04

數字躲貓貓②

如果孩子已經熟練10的分解與組合，就挑戰看看這個找寶物的遊戲吧！超越單純背下「3和7」、「2和8」這種湊成10的成對數字的階段，而是思考數字相加的結果，是能快速培養數字概念的遊戲。

● **基礎概念** 能數出1～10的數，5的分解與組合
● **目標概念** 10的分解與組合
● **準備物品** 空白紙數張、筆1支

確認基礎概念

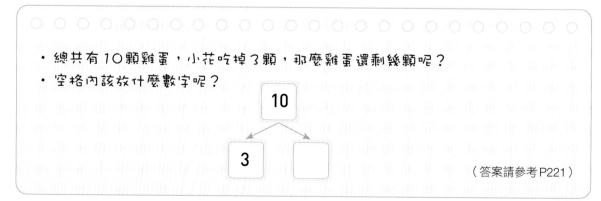

· 總共有10顆雞蛋，小花吃掉3顆，那麼雞蛋還剩幾顆呢？
· 空格內該放什麼數字呢？

10

3 ☐

（答案請參考P221）

1 製作數字卡，數字1、2、3各三張，數字4、5各兩張，數字6、7、8、9各一張。（可運用附錄P243。）

2 先由一個人把數字卡對折，藏在家裡各個地方。

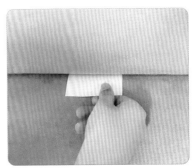

3 讓其他人把藏著的數字卡找出來。

4 將剛剛找出的數字卡配對，最先湊成10的人獲勝！

讓遊戲更好玩的訣竅 **tip**

▶ 如果有3人參與的話，先由1人藏數字卡，另2人尋找，先湊成10的人獲勝；若只有2人參與時，就由1人藏數字卡，另1人尋找，比較兩人湊成10所花費的時間，由比較少的獲勝。

Upgrade 製作多張數字卡，同時使用加法和減法，如「6＋5－1」。

⭐ **再次複習！孩子都理解了嗎？**

挑出其中2張數字卡湊成10吧！

（答案請參考P221）

05

看誰最先喊
「賓果」！

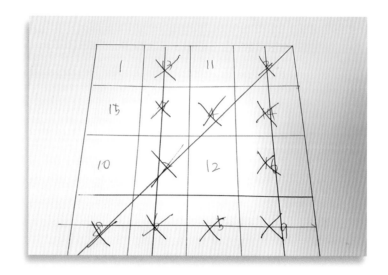

　　當孩子熟悉數字的順序之後，就玩玩能盡情喊出數字的賓果遊戲吧。這個遊戲不只要具備數字的基礎，還需要能理解遊戲規則，所以配合孩子的程度仔細解釋吧！例如賓果盤的格數、數字的個數和對角線的認識。

- **基礎概念**　認識20以下的數
- **目標概念**　熟悉20以下的數
- **準備物品**　空白紙2～4張、筆1支

　確認基礎概念

下列空格內該放什麼數字呢？

5　◯　7　8　9　10

（答案請參考P221）

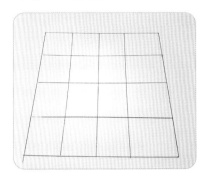

1 繪製4×4的賓果盤。

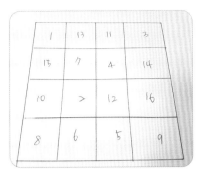

2 在格子裡任意填上1到16的數字。

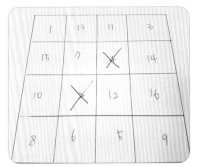

3 和孩子輪流喊出自己想要的數字，並在各自的賓果盤劃掉標示。

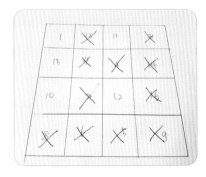

4 當劃掉的數字達4格即連成1條線，完成4條線即可喊：「賓果！」獲勝。

讓遊戲更好玩的訣竅 tip

▶ 一開始孩子或許很難找到「所需的數字」，這時可以事先做好1到16的數字卡輪流抽取，方便孩子對照卡片上的數字。

▶ 在1到25的數字中任意挑選16個數字寫在4×4的賓果盤上，當喊出沒有的數字時就會成為變數，增加刺激感。

再次複習！孩子都理解了嗎？

下列空格內該放什麼數字呢？

| 9 | | 11 | 12 | 13 |

（答案請參考P221）

06

誰的數字圈圈比較多？

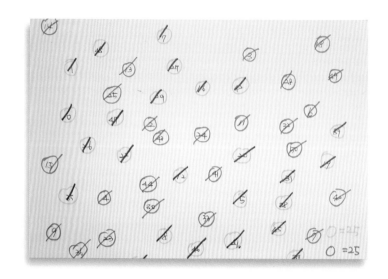

爸媽們有時候可能會因為孩子對10到20的數字相當熟練了，而希望孩子可以盡快學會更多的數字，但是硬請孩子「數到50」的方式，很容易讓孩子感到疲乏。所以，這次要介紹的是能讓孩子愉快地體驗且逐漸熟悉「大數」的遊戲。

- **基礎概念** 能數出1～20的數
- **目標概念** 能數出1～50的數
- **準備物品** 空白紙1張、不同色的色筆3支

 確認基礎概念

下列空格內該放什麼數字呢？

③ ④ ⑤ ⑥ ◯ ⑧

⑮ ⑯ ⑰ ⑱ ◯ ⑳

（答案請參考P221）

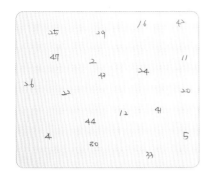

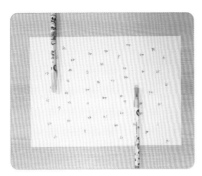

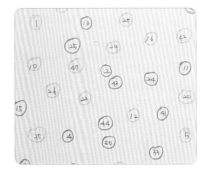

1 在白紙自由寫上1到50的數字。如果孩子會寫數字了，就放手讓孩子自己寫。

2 孩子和爸媽各自選擇不同顏色的色筆。

3 從1開始依序找數字，先找到的人用自己的筆將其圈起來標示。

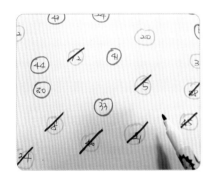

4 找到50後，拿第三個顏色的色筆計算各自圓圈的數量，數量多的就獲勝。

讓遊戲更好玩的訣竅

▶ 如果孩子寫到50有困難的話，一開始可以寫到20就好，等到熟悉之後再將遊戲數字提高到100。

▶ 一邊大聲數數一邊畫圓圈，這樣玩久了可以讓孩子對說出數字更有自信。

Upgrade 遊戲結束後一起討論結果，例如：「媽媽找到20個，你找到30個，那你比媽媽多找到幾個呢？」

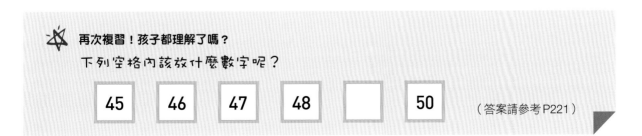

✦ **再次複習！孩子都理解了嗎？**
下列空格內該放什麼數字呢？

| 45 | 46 | 47 | 48 | | 50 |

（答案請參考P221）

07

哪個數字
不見了？

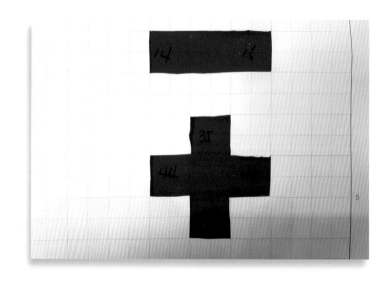

在培養數字概念過程，寫有數字1到100的「百數板」可說是不可或缺的教具。不過要孩子每天觀察牆上的百數板，一定會覺得枯燥乏味吧？要不要試試看這款百數板的變化遊戲，只要準備好玻璃紙，就能跟數學更親近！

● **基礎概念** 能數出1～100的數
● **目標概念** 找出100以內的數字規則
● **準備物品** 空白紙2～3張、色筆（紅、黃、綠、藍色各1支）、玻璃紙（紅、黃、綠、藍色各1張）、剪刀

 確認基礎概念

下列空格內該放什麼數字呢？

55 56 57 〇 59

（答案請參考 P221）

1 在空白紙上畫上10×10的格子，並填入1到100的數字，請交互使用紅、黃、綠、藍色的色筆填寫。

2 分別將紅、黃、綠、藍色的玻璃紙放在紙上，會使該顏色的數字會消失，讓孩子試著說出消失的數字是什麼。

3 再拿出另一張剪下一行橫排或直排的10×10空白紙，放在步驟**2**的紙上，便可提高遊戲的難度。

4 這次再拿出另一張剪成不同形狀的10×10空白紙，放在步驟**2**的紙上，說出被遮住的數字是什麼。

讓遊戲更好玩的訣竅

▶ 有些筆的墨水可能無法被玻璃紙遮住筆跡，請事先確認再開始遊戲。

Upgrade 換成101到200、901到1000等數字範圍。

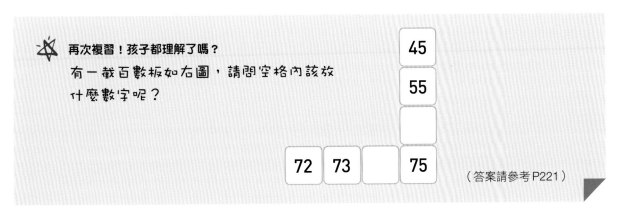

✄ **再次複習！孩子都理解了嗎？**
有一截百數板如右圖，請問空格內該放什麼數字呢？

		45
		55
72	73		75

（答案請參考P221）

08

挑戰！
100格數字拼圖

　　1到100的數字看起來相當多，可能讓孩子一點都不想學。這時請透過遊戲讓孩子體驗這些數字吧！當然，爸爸媽媽們也需要稍加努力、耐心陪伴，但之後可以看見孩子興奮地練習寫數字的模樣。

- **基礎概念**　能數出1～100的數
- **目標概念**　能寫下1～100的數
- **準備物品**　空白紙1張、色筆2支、計時器

 確認基礎概念

下列空格內該放什麼數字呢？

(75) (76) (77) (78) (　　) (80)

（答案請參考P221）

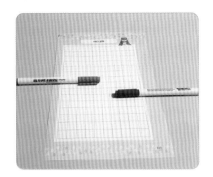

1 孩子和大人各拿一支不同顏色的色筆，並準備好每行10格的空白紙。（可運用附錄P227。）

2 計時10秒，由第一個人依序寫上數字，10秒後換下一個人。

3 下一個人要接著前一個人所寫的數字繼續寫，同樣在10秒後換人。

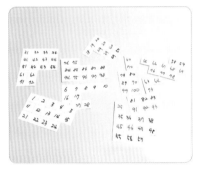

讓遊戲更好玩的訣竅 tip

4 兩人以接力方式輪流寫，等寫到100以後，將紙剪成像拼圖一樣的形狀。

5 將裁剪後的紙片重新拼回完整的樣子。

▶ 設定計時器發生聲響能增加遊戲的刺激感。

Upgrade 熟悉1到100的數之後，可以設定不同的數字區間（151到250等等），讓遊戲變得更有趣。

 再次複習：確認孩子是否理解遊戲了！
右方空格內該放什麼數字呢？

36	37	38		40
46	47	48		50
		58	59	
			69	
76	77			80

（答案請參考P221）

09

我們來比大小！

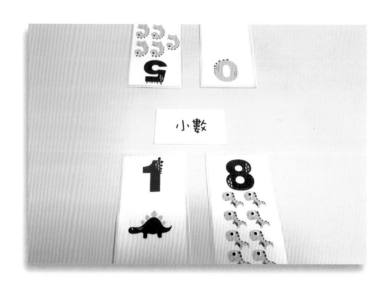

　　這個遊戲透過任意選擇兩張數字卡，思考如何排出最大和最小的數字，可以加強僅十位數和個位數的概念，同時還能熟悉二位數的數字。當孩子對遊戲有把握之後，也可以比較更高難度的三位數、四位數的數字。

- ● **基礎概念**　認識100以內數的順序
- ● **目標概念**　100以內數的大小比較
- ● **準備物品**　空白紙1～2張、筆1支

　確認基礎概念

下列三組數字中，哪個數更大呢？

（38）（27）　　（45）（39）　　（52）（67）

（答案請參考P222）

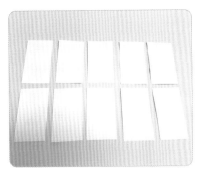

1 將空白紙裁成兩張紙卡,一張寫上「大數」,一張寫上「小數」。隨機抽一張,決定這回合要比大還是比小。

2 用空白紙做成0到9的數字卡(可運用附錄P243),洗亂後將牌蓋起來。

3 爸媽和小孩各自隨意抽出兩張數字卡。

4 用抽取的數字卡排成二位數,看誰能排出更大或更小的數便獲勝!

讓遊戲更好玩的訣竅

▶ 告訴孩子比較二位數的方法,例如「不管個位數多大,十位數如果比較小就是小數,所以要從十位數開始比較。」

▶ 準備兩組0到9的數字卡,可增加遊戲的變數,讓遊戲更有趣。

▶ 也可以排成十位數為0的數(例如09、07……等等)。

☆ **再次複習!孩子都理解了嗎?**

小花抽到了數字卡5、8,可以排出的最大數是什麼?

最小數又是什麼呢?

(答案請參考P222)

10

數字記憶遊戲

　　這是一個只需要紙跟筆，就能讓孩子用記憶，加上策略性思考的數學遊戲。一方面要記住卡片位置，一方面還要思考對自己有利的數學算式，相當有趣！

- 基礎概念　認識10以內的加法與減法
- 目標概念　理解10以內的加減算式
- 準備物品　空白紙1～2張、筆1支

 確認基礎概念

下列空格內分別該放什麼數字呢？

$$3 + 5 = \boxed{} \qquad 8 - \boxed{} = 6$$

（答案請參考P222）

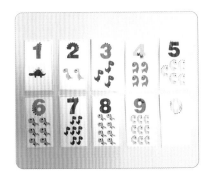

1 用準備好的空白紙做出0到9的數字卡。（可運用附錄P243）

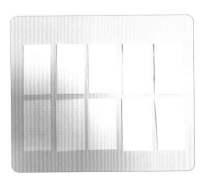

2 把數字卡洗亂並覆蓋。

3 由一個人先喊出一個預測的數字並翻一張數字卡，如果出現不同的數字，就要覆蓋卡片並換下一個人。

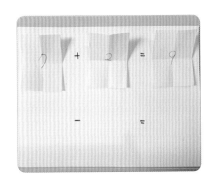

4 用已翻面的數字卡列出加法或減法的算式，並找到「答案」的數字卡。

讓遊戲更
好玩的訣竅　**tip**

▶ 如果孩子玩起來覺得有困難，一開始大人可以積極給予協助，透過問題來引導：「現在出來了8和6，那8減6是多少呢？2在哪裡呢？」

Upgrade 抽取3張數字卡，由大人排出「二位數＋一位數」之後，讓孩子自己找出答案。

再次複習！孩子都理解了嗎？

運用數字卡3、5、8可以排出的加法算式和減法算式有哪些呢？

（答案請參考P222）

11

將相同的形狀
集合起來！

　　孩子對圖形的認知，會從直觀的觀察開始，並漸漸能將屬性相似的圖形歸類、賦予名稱。因此與其對孩子說出圖形特性，例如找找看有「三個邊」的圖形，不如直接說「找找看跟這個圖形很像」的東西，更容易讓孩子投入其中。

● **基礎概念**　辨別圓形和非圓形
● **目標概念**　能找出形狀相似的圖形，並為三角形、四邊形命名
● **準備物品**　色紙數張、筆1支、剪刀

確認基礎概念

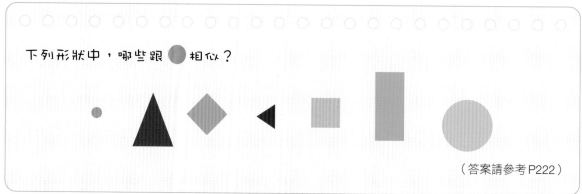

下列形狀中，哪些跟 ● 相似？

（答案請參考P222）

1 將色紙剪成多個圓形、四邊形、三角形。

2 觀察每個圖形，將相似的圖形分類在一塊。

3 跟孩子討論各圖形的特徵。

4 了解各圖形的特徵後，先讓孩子為圖形命名，然後再由大人說出「三角形、四邊形、圓形」等正確名稱。

讓遊戲更好玩的訣竅 tip

▶ 孩子在說明圖形特徵時，請讓孩子用自己的語言自由地敘述觀察的結果，像是「圓圓的」、「尖尖的」。因為大人若直接介入認識與說明的過程，說出「有三個邊吧」這類專門的用詞，可能讓孩子失去自信和興趣。

Upgrade 在圖畫紙上隨心所欲黏貼剛才裁剪的色紙，創作自己的作品。

再次複習！孩子都理解了嗎？

說說看下面的圖形哪些是來自於圖形王國、三角形王國和四邊形王國呢？

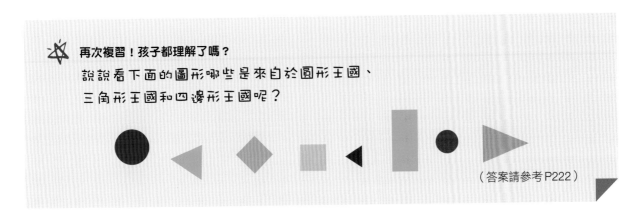

（答案請參考P222）

12

自己動手做
色紙拼圖

　　如果孩子已經會拼5片以上的拼圖，而且對空間感具備了一定程度的理解，就可以玩看看這個遊戲。透過在指定空間內做出多元的變化，不但能增強辨別空間的能力、培養解決問題的能力，也有助於孩子的創意發展。

- **基礎概念**　拼5片以上的拼圖
- **目標概念**　理解4×4的平面空間概念
- **準備物品**　色紙1～2張、剪刀、膠水

　確認基礎概念

說說看，綠色的色塊是如何拼成橘色的形狀呢？

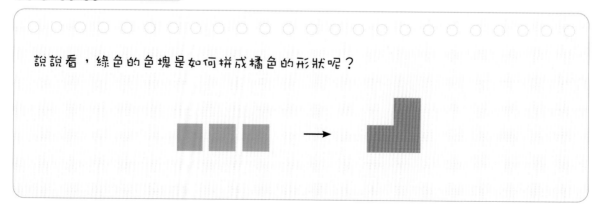

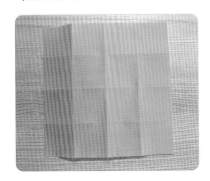

1 將色紙折成16等分。

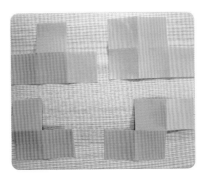

2 沿著折線自由裁剪出像拼圖一樣的不同圖形。

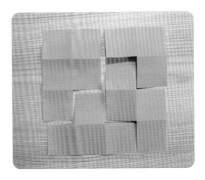

3 由大人弄亂圖形後再讓孩子試著拼回原本的正方形。

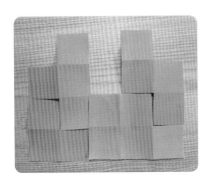

4 等熟練之後就可以讓孩子隨意拼出想要的形狀。

讓遊戲更好玩的訣竅 tip

▶ 裁剪色紙時,要注意每一個小圖形必須超過3格。

▶ 為了讓孩子體驗不同的難易度,一開始裁剪的圖形可能要簡單一點,再逐漸做變化。

Upgrade 由孩子自由排列圖形,並在空白紙上沿著圖形輪廓畫線,再由大人拼回原本的形狀。下一輪交換角色繼續玩。

再次複習!孩子都理解了嗎?

用下列兩個藍色的圖形拼不出右方哪個白色的形狀呢?

(答案請參考P222)

13

跟我一起
這樣畫！

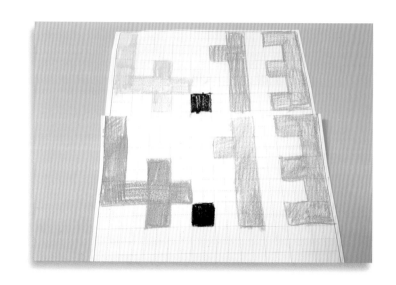

　　「往下6格後往右2格、再往下5格……」這種「邏輯性思考」在兒童程式設計教育中也是最基本的能力之一。讓我們透過這個遊戲稍微體驗一下在國小後才會正式學習的程式設計吧！

- **基礎概念**　理解表達位置的詞彙
- **目標概念**　建立基礎的邏輯思考
- **準備物品**　空白紙2張、色鉛筆3～5支

確認基礎概念

右圖中的兔子想吃到紅蘿蔔，應該朝「什麼方向」移動「幾格」呢？

上

左邊　　　　　　　　　　右邊

下

（答案請參考P222）

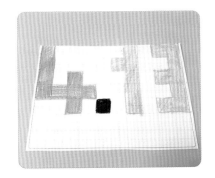  

1 先將準備好的空白紙畫好10×10的格子，並由大人用不同顏色的色鉛筆任意塗色成數字或圖形。

2 由大人口述塗色方式給孩子聽，例如：「最左邊上面塗一格黃色，再往右邊走三格之後塗上紅色。」

3 孩子要依照自己的理解，在另一張畫好格子的空白紙上塗色。

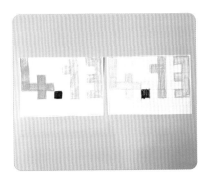

4 完成之後跟對方的圖比較正確度。

讓遊戲更
好玩的訣竅

▶ 遊戲可以從較簡易的5×5空白格開始，色鉛筆也先使用兩三種即可。

▶ 避免「要塗這格旁邊的旁邊」這種說法，請使用「往右邊走兩格之後塗黃色」這類準確描述方向和格數的方式。

Upgrade 熟悉玩法後，逐漸增加格數和顏色的種類，也可以提高圖案的難度。另外，也可以在橫軸標上「A、B、C……」，在縱軸標上「1、2、3……」，然後用「A3」這類的代號來指定圖畫的格子。

 再次複習！孩子都理解了嗎？

請在右邊的表格中塗色，塗色的格子為最在上方的格子，以及往右的兩格；還有從上往下數第2行的第3格，及其往下兩格。對照看看答案，是不是一樣的呢？

（答案請參考P222）

14

寶物在哪裡？
往右走三步！

有時會看到公園中有「往前走3步，有寶藏在此！」這類塗鴉，其實這些生活經驗都會刺激孩子的想像力，而這裡要介紹的便是以此為基礎的遊戲。只要利用簡單的紙筆就能培養孩子邏輯思考力，而且能高度投入其中！

- ● **基礎概念** 理解表達方向的詞彙
- ● **目標概念** 熟悉表達方向的詞彙
- ● **準備物品** 空白紙2～3張、筆1支、膠帶

確認基礎概念

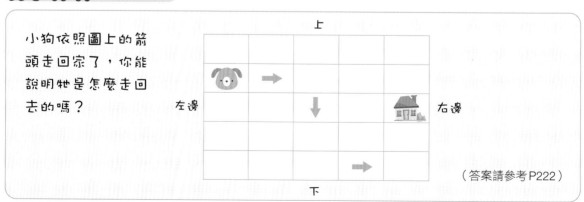

小狗依照圖上的箭頭走回家了，你能說明牠是怎麼走回去的嗎？

上

左邊　　　　　　　　　　右邊

下

（答案請參考P222）

1 將孩子喜愛的玩偶當成寶物藏在家中某個地點。

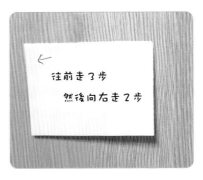

2 由大人先示範，在紙條上寫下走到寶物的方法，然後貼在家中各處。例如「往前走3步，然後向右走2步。」

3 這次由孩子藏寶物，並在紙條上寫路徑。務必要讓孩子自己先確認方向和步數。

4 由孩子張貼紙條，大人則依照指示移動尋找寶物。

讓遊戲更好玩的訣竅 tip

▶ 因為孩子和大人的步伐不一樣，在寫紙條時請考量孩子的步伐。

Upgrade 熟悉簡單的路徑後，可以讓路徑變得複雜一些。

再次複習！孩子都理解了嗎？
小貓想路過公園再回家，
你知道牠應該怎麼走嗎？

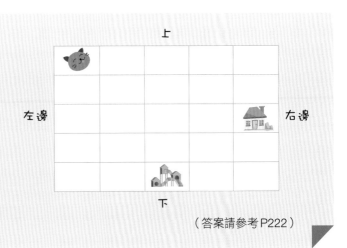

（答案請參考 P222）

15

幫我畫出
另一半！

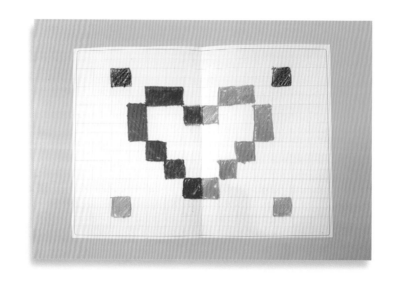

　　這是一個能刺激孩子空間思維能力的遊戲，透過練習畫對稱圖形，了解「對稱」的意義。即便是單純的圖形也很好，只要是孩子平常喜歡的圖案，就能更多樣化，也能更有趣的進行遊戲。

- **基礎概念**　基本圖形的對稱
- **目標概念**　學會畫出線對稱圖形
- **準備物品**　空白紙2～3張、色鉛筆2～3支

確認基礎概念

試著將色紙對折，剪出三角形看看吧！

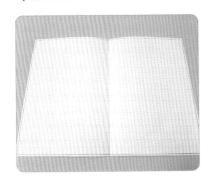

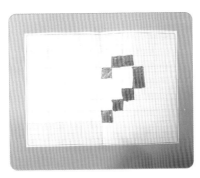

1 先在空白紙畫上每行10格的格子後對折，做出一條對稱軸。

2 由大人在對稱軸的一邊畫出圖形的一半。

3 讓孩子在對稱軸的另外一邊畫出對稱的圖形。

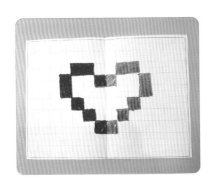

4 將紙對折，確認是否對稱。

讓遊戲更好玩的訣竅

▶ 要孩子直接畫出正確的對稱圖形可能有點難度，所以爸媽可以在圖形上找一些「點」，並在對稱處讓孩子做記號，然後連起這些點完成圖畫。

▶ 如果空白紙不做格子，使用一般圖畫紙也無妨，就算畫出來的大小或長度有些微落差，請跟孩子說形狀是正確的就可以。

 再次複習！孩子都理解了嗎？
哪個才是右圖中對稱後的
正確圖形呢？

（答案請參考P222）

16

自由創作你的對稱藝術！

「線對稱圖形」指的是以某條直線（對稱軸）為中心，對折後會完全重疊的圖形。理解線對稱圖形最簡單的方法，就是將色紙對折，任意裁剪出創意圖形。和孩子一起邁向圖形的世界，做出獨一無二的藝術吧！

- **基礎概念** 基本圖形的對稱
- **目標概念** 利用線對稱圖形完成作品
- **準備物品** 色紙2張、剪刀、膠水

 確認基礎概念

試著將色紙對折，做出四邊形吧！

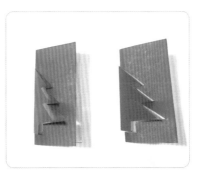

1 準備好兩張色紙，並將其中一張剪成四等分。

2 將剪好四等分的其中兩張紙對折，然後任意裁剪圖案。

3 將剪好的圖形分離出來。

4 如圖所示，將步驟**3**剪好的紙片貼在另一張完整的色紙上，就能完成獨一無二的作品了！

讓遊戲更好玩的訣竅

▶ 在裁剪對折的紙時，要以對稱軸為中心剪出圖形。

▶ 可以再黏貼上裝飾紙片，做出更豐富精彩的作品。

📐 **再次複習！孩子都理解了嗎？**
右邊哪張圖不能用對折後的色紙剪出來？

（答案請參考 P222）

17

點點點！
連成三角形！

看到上方的照片，應該有不少人會脫口喊出「啊哈」吧！在電子產品尚未興盛的年代，小孩子們都會利用這種紙筆遊戲打發時間。現在也跟孩子一起玩玩看這個被稱為「圍地盤」的遊戲吧！如果孩子已經理解三角形的特性，在遊戲時用尺畫線的過程，一定會覺得非常好玩！

● **基礎概念** 理解三角形的特徵
● **目標概念** 畫出各種三角形
● **準備物品** 空白紙數張、不同色的色筆2支、尺2把

確認基礎概念

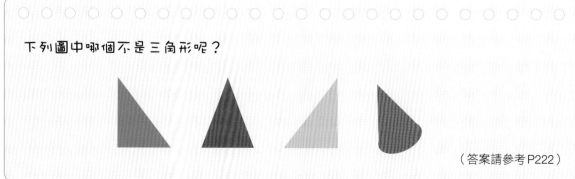

下列圖中哪個不是三角形呢？

（答案請參考P222）

1 在空白紙上畫上許多小點點（可運用附錄 P245），點跟點之間要相隔約 2 公分以上。孩子和大人各拿一支色筆。

2 大人先示範連接兩點用尺畫出一條直線，接著讓小孩跟著練習。

3 一旦有人畫出第三邊、連成三角形後就算占領成功，可以在三角形內畫上自己的專屬標誌。

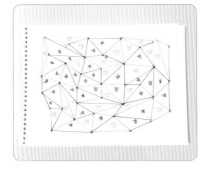

4 所有點都連完之後數數看誰的三角形更多，有更多三角形的即為獲勝的一方。

讓遊戲更
好玩的訣竅

▶ 畫線時要注意三角形裡面不可以有其他點點，也不可以穿過別條線。
▶ 當要繞過其他點點時，一不小心就會畫得歪七扭八，所以要用尺畫好直線。

☆ **再次複習！孩子都理解了嗎？**
連接右圖的小點點，會出現幾個三角形呢？
（包含數個三角形的大三角形不算）

（答案請參考 P222）

18

繪製我們家的
尋寶圖

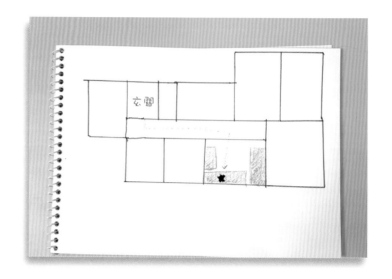

　　當孩子五六歲後，就具有能在地圖上標示出家、公園、幼兒園等熟悉場所的能力。這個時候很適合繪製尋寶圖，增加孩子對空間位置和方向的理解，打好空間的基礎概念。

- **基礎概念**　理解表達位置和方向的詞彙
- **目標概念**　熟練表達位置和方向的方式
- **準備物品**　空白紙1張、色筆數支

確認基礎概念

在右邊的地圖中，花栗鼠想走到郵筒，如果要避開體型很大的可怕動物，應該怎麼走呢？用手指出路線並說說看吧！

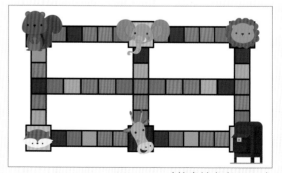

（答案請參考P222）

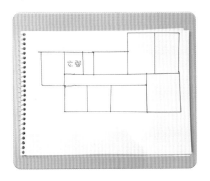

1 和孩子一起畫出我們家的平面地圖。

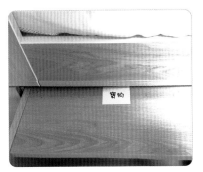

2 由大人藏好寶物。

3 在地圖上標出寶物的地點。

4 讓孩子按照著畫好的地圖去尋找寶物。

讓遊戲更好玩的訣竅 tip

▶ 如果孩子畫不出地圖，也可以利用實際的平面圖。

Upgrade 熟悉家裡的地圖之後，可以逐漸擴大活動範圍，例如改成畫從家裡到公園的地圖，或是自家社區的地圖等。

✡ **再次複習！孩子都理解了嗎？**
看著右邊的地圖，
找出孩子們能走到學校的方法。

（答案請參考P222）

19

找出最大的
七巧板

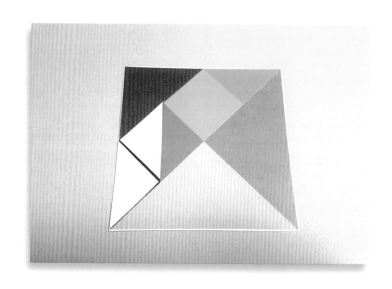

如果孩子已經對圖形有一定程度的理解了，就嘗試挑戰七巧板吧！用7片板子就可以玩出許多遊戲，這裡介紹的遊戲正是簡單利用七巧板分析和比較圖形的面積。

- **基礎概念** 用七巧板拼出各種形狀
- **目標概念** 學會用任意單位測量面積
- **準備物品** 色紙2張、筆1支、剪刀

確認基礎概念

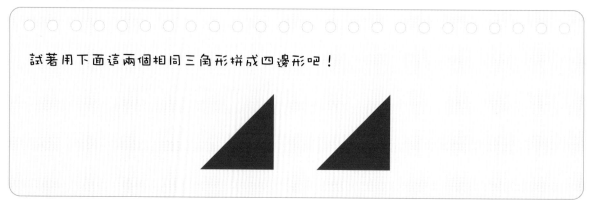

試著用下面這兩個相同三角形拼成四邊形吧！

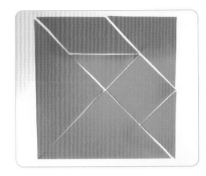

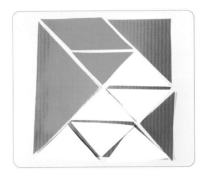

1 由大人將其中一張色紙剪成如上圖所示的形狀。（可運用附錄P231）

2 將另一張色紙剪成如上圖所示的形狀，而每一張圖形的面積代表1。

3 將步驟2的紙片放在步驟1的各片圖形上，然後數數看各自放了幾片。

4 確定紙片數量之後，在該圖形寫上數字，再比較所有圖形的面積。

 讓遊戲更好玩的訣竅 **tip**

▶ 一開始讓孩子先直觀地估計圖形的面積，然後再使用上述步驟2所裁剪面積為1的紙片來測量，讓孩子確認實際的面積大小。

Upgrade 試試看拼出一個總面積為10的圖形。

 再次複習！孩子都理解了嗎？

在右邊七巧板中，

最大片跟最小片板子各是幾號呢？

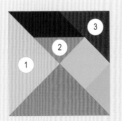

（答案請參考P222）

135

20

我一天的生活

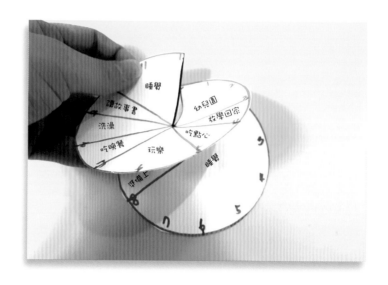

如果孩子已經逐漸具有時間觀念了，會不知不覺中說出「媽媽今天幾點回家？」這類的話，這時候就可以嘗試依照時刻整理出孩子一天的日程看看囉！將時間概念予以體系化，有助於培養制訂計畫的習慣。

- **基礎概念**　能讀出整點時刻
- **目標概念**　能寫出整點時刻
- **準備物品**　空白紙2張、不同色的色筆3支、時鐘1個、膠帶

 **確認基礎概念**

右邊時鐘現在是幾點呢？

（答案請參考P222）

1 以整點的方式整理出孩子一天的生活。

2 依照所整理的內容，將時鐘一一調到該時刻，並跟孩子說明。

3 跟孩子一起算算看短針一天會走幾圈。

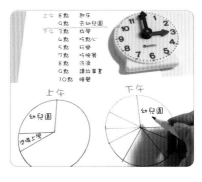

4 畫出兩個圓餅圖，各自代表上午跟下午，將步驟1整理的內容標示出來。

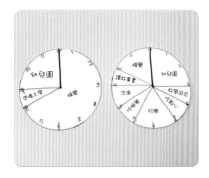

5 將圓餅圖剪下。

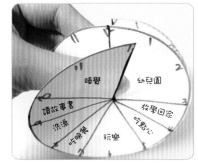

6 對準兩個圓餅圖的12點鐘剪一刀，再用膠帶相黏，固定12點的地方。

讓遊戲更好玩的訣竅 tip

▶ 將一天的日程分成兩個圓餅圖，能讓孩子認知到短針一天會轉兩圈。

▶ 如果平日和假日的日程不一樣，也可以再畫另一張圓餅圖來標示。

▶ 如果孩子已能熟練地認讀整點單位的時間，可改用30分鐘為單位來練習。

再次複習！孩子都理解了嗎？

看著你自己一天的日程表，說說看你下午5點在做什麼呢？

21

製作我的
專屬月曆

只要仔細觀察幾乎每天都會使用的月曆上面所寫的數字，便能輕易發現數字的順序和規律。跟孩子一起觀察家中的月曆，再嘗試做出一份專屬自己的月曆吧！

● **基礎概念**　能順著數和跳著數30以內的數字
● **目標概念**　二位數和一位數的加法
● **準備物品**　空白紙1～12張、尺、色筆數支

　確認基礎概念

下列空格內該放什麼數字呢？

2 - 4 - 6 - ☐ - 10

5 - 10 - 15 - 20 - ☐ - 30

（答案請參考P222）

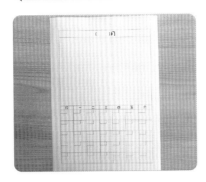

1 由大人在準備好的紙上畫出月曆的外框。

2 由孩子自己從1開始依序填寫日期。

3 和孩子一起填入家中的紀念日。

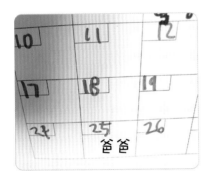

4 一起討論一週有幾天？或是5月2號、9號的隔天分別是幾號？

5 讓孩子自由地畫上最適合這個月的圖畫，專屬月曆就完成囉！

讓遊戲更好玩的訣竅

▶ 標示出紀念日以及孩子最期待的特別日子（去親子餐廳、動物園的日子等），讓孩子喜歡月曆。

Upgrade 擋住月曆其中一格，讓孩子想想看那格該放什麼數字。

⭐ **再次複習！孩子都理解了嗎？**

假如今年的5月1號是星期二，那麼5月3號是星期幾呢？

（答案請參考P222）

22

我獨一無二的
幾何圖案

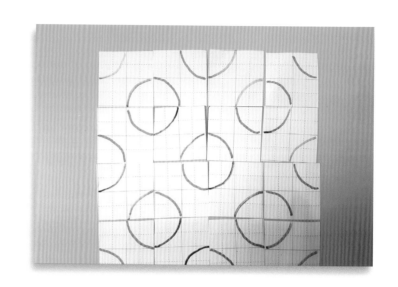

能「自己創造」出一套序列，代表已經對規律具備了最好的理解。不管在家中、餐廳、醫院、公園……只要仔細觀察生活周遭常見的磁磚或花磚，就能看出圖形的序列。好好活用這一點，和孩子一起親手做出專屬序列吧！

- ● **基礎概念**　理解圖形的序列
- ● **目標概念**　自己能製作圖形序列
- ● **準備物品**　空白紙2張、色筆數支

 **確認基礎概念**

觀察右邊的圖紋，
是否有構成的規則呢？

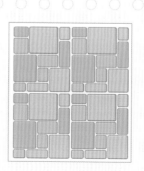

1 在網路上搜尋各式各樣的磁磚和人行道花磚照片。

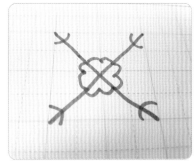

2 試著在畫好格線的紙上畫出其中一種圖紋,並和孩子討論磁磚的圖紋,以及是用何種序列組成的。

3 將另一張空白紙畫好格線並沿著格線裁剪,然後自由畫上相同的磁磚圖紋。

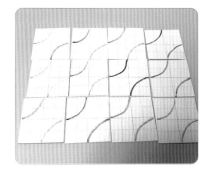

4 排列所畫的圖紋,製作出自己的序列。

讓遊戲更
好玩的訣竅

▶ 如果覺得格子太小或製作格線很麻煩,可以使用數張正方形的色紙來製作。

Upgrade 每片磁磚或花磚的顏色可以不同,或試著讓圖紋對稱。

✖ **再次複習!孩子都理解了嗎?**

右邊的圖紋利用了什麼形狀的磁磚?

該磁磚是如何排列的呢?

(答案請參考P222)

23

拍拍膝蓋
再拍拍手掌！

　　這是個當音樂響起時，孩子就能隨旋律或歌詞做出指定動作的律動遊戲。如果孩子能自己訂出動作的規則再配合音樂律動，也是一種「自己製作的序列」，可說是充滿創意的互動遊戲。

● **基礎概念**　兩個一組的重複規律
● **目標概念**　將序列轉為其他形態呈現
● **準備物品**　空白紙1張、筆1支、播放音樂的器材

 **確認基礎概念**

下列空格內該放什麼形狀呢？

● － ■ － ● － ■ － □ － □

（答案請參考P222）

1 播放1首孩子喜歡的歌曲。

2 先由大人指定規則，配合音樂做出律動，例如：膝蓋2下、手掌2下等。

3 這次改由孩子自己做出律動。

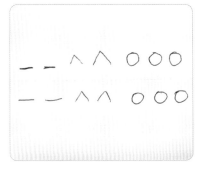

4 孩子配合音樂做出律動之後，在紙上用簡單的記號表達出來。

讓遊戲更好玩的訣竅 **tip**

▶ 一開始挑選拍子長度適中的歌曲較為適合，如：〈小星星〉、〈蝴蝶蝴蝶生得真美麗〉。

▶ 序列越複雜，孩子越難以辨識和記憶，這時可以教導記憶的方法，例如只取第一個字配上節奏。

再次複習！孩子都理解了嗎？

下列空格內該放什麼動作呢？

（答案請參考P222）

24

我一個禮拜
讀幾本動物書?

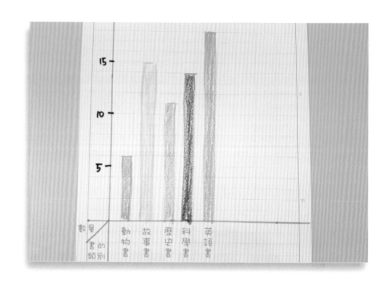

在資訊爆炸的時代,擁有收集資料、加以分類,再以視覺化圖像做分析,無疑是相當重要的能力。在生活中,孩子會有「幼兒園有幾個同班同學,有幾位是搭車上學」等經驗。這裡介紹的是能讓這種生活經驗更加具體化的方式。

- **基礎概念** 具有分類事物的能力
- **目標概念** 資料的整理收集與分析能力
- **準備物品** 空白紙2張、色鉛筆數支

　確認基礎概念

將下列的圖案分成兩類吧!

（答案請參考 P222）

1 在紙上寫出家中圖畫書的類別，可分成3～5個種類。

2 在未來的一週閱讀書籍，並依照類別貼上貼紙記錄。

3 和孩子一起按一週的紀錄在另一張紙上做出圖表。橫軸是書的類別，縱軸是閱讀的次數，數量的級距可由總數量拿捏。

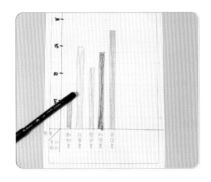

讓遊戲更好玩的訣竅

▶ 這個遊戲不限於「閱讀記錄」，也可以設定多種主題。例如：家人洗手的次數、孩子玩具的種類……等等，只要是孩子會有興趣的主題都可以。

4 請孩子把自己當成記者一樣，說明圖表的統計內容。

 再次複習！孩子都理解了嗎？

右邊的圖表是小敏一週的閱讀數量。你知道小敏讀了哪些書？各讀了幾次？讀最多的種類是什麼嗎？

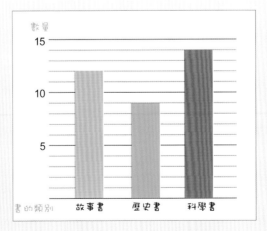

（答案請參考P222）

25

兩個圓圈圈的分類遊戲

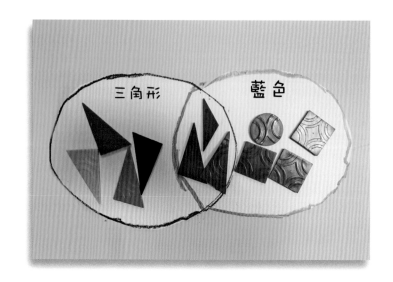

如果說「紅色的玩具」是單一分類，那麼「紅色又大型的玩具」就是複合分類，也就是說「複合分類」是一次考慮兩種以上的屬性。雖然這是比單一分類更困難的概念，但是孩子在日常生活中早已憑藉自己的方式使用了，所以爸媽可以在這個遊戲中確認孩子的理解狀況。

- ● **基礎概念** 理解單一分類
- ● **目標概念** 理解複合分類
- ● **準備物品** 圖畫紙1張、筆1支、各種形狀的圖形教具（也可以自行用色紙製作）

 確認基礎概念

試著將下列圖形分成兩類吧！

● ● ▲ ● ▲ ▲ ●

（答案請參考P223）

1 用圖畫紙剪出兩個大圓。

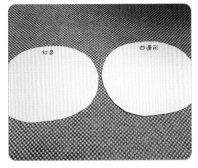

2 在其中一個圓上標寫「紅色」，另一個圓寫上「四邊形」，或是依據教具寫上其它更適當的分類。

3 在一個圖上放紅色的物品，然後在另一個圓放上四邊形的物品。

4 將兩個圓稍微重疊，然後找出適合放在中間，具有兩種屬性的物品。

讓遊戲更
好玩的訣竅

▶ 兩個圓的類別必須是不同的屬性。舉例來說，如果兩個類別都是「顏色」的屬性，就比較難找出「既有紅色又有藍色」的物品放在中間。所以一個類別如果是「顏色」，另一個類別就可以選擇「形狀」之類的屬性。

Upgrade 選擇較多元的屬性，如：「紅色的水果」、「沒有腳的哺乳類」等。

 再次複習！孩子都理解了嗎？
這兩個圓的類別名稱會是什麼呢？

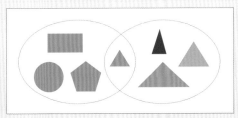

（答案請參考P223）

26

這一排都是
愛心！

　　學習整理資料的過程，最基本的能力就是理解表格呈現的類別。在橫軸和縱軸項目的交會處，就表示同時具有兩軸的屬性。現在就從遊戲中認識表格怎麼呈現資料分類吧！

● **基礎概念**　資料收集與分類
● **目標概念**　資料的收集與理解分析
● **準備物品**　空白紙1張、色筆3～5支

 確認基礎概念

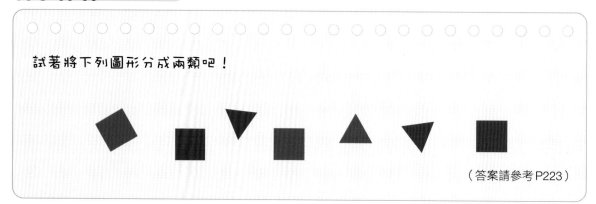

試著將下列圖形分成兩類吧！

（答案請參考P223）

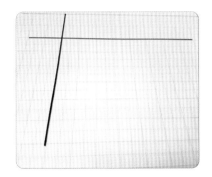

1 如圖所示，在空白紙上畫出 2條分隔線。

2 在橫軸畫上各種形狀。

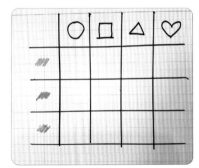

3 縱軸則設定成各種顏色。

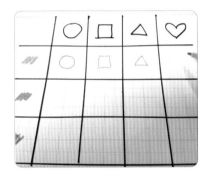

4 讓孩子在橫軸和縱軸的交會 點畫上相應屬性的圖形。

讓遊戲更 好玩的訣竅 **tip**

▶ 設定的圖形請以孩子有能力畫出來的 為主。一開始縱軸、橫軸可以從3格開 始，熟練後再陸續增加。

▶ 完成一條縱軸後，說出軸上圖形的共同 點；完成橫軸後也是如此，藉此練習 資訊分析。例如：「這排都是愛心」、 「這排都是黃色」。

再次複習！孩子都理解了嗎？

右方表格的綠色框框裡會 是下面哪個圖形呢？

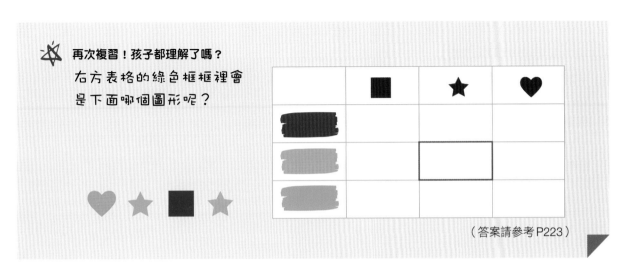

（答案請參考P223）

27

我創造的
數織遊戲
（Nonogram）

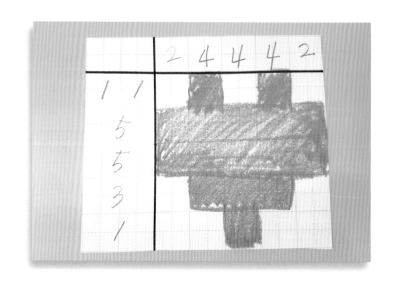

　　數織遊戲是一種解謎的拼圖遊戲，對具備一定邏輯的孩子相當有挑戰性。當孩子親自嘗試後，不僅能引起興趣，也能在過程中得到成就感，同時可以培養出邏輯思考與創造力。

- **基礎概念**　資料的理解與分析
- **目標概念**　資料的分析與機率判斷
- **準備物品**　空白紙2張、色筆2～3支

　確認基礎概念

按照右方表格的資訊，班上同學最喜歡的水果是什麼呢？喜歡西瓜的同學有幾位呢？

水果種類	🍎	🍓	🍉	🍇
人數	3	7	5	4

（答案請參考P223）

1 在兩張空白紙上畫好等格線，並將其中一張剪成5×5的大小，然後以塗滿格子的方式自由畫上圖案。

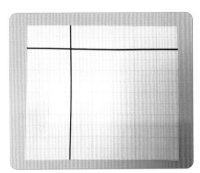

2 如圖所示，在另一張紙上畫出橫軸和縱軸，注意右側要留出5×5的空間。

3 算出步驟1塗色的格數，分別寫在橫軸和縱軸上。

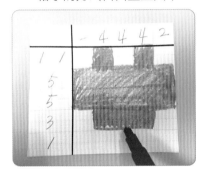

4 將寫好格數的空白紙交由另一人，讓他推測圖案是什麼並試著畫出來。

讓遊戲更好玩的訣竅

▶ 從單純的L形或I形開始進行遊戲。

Upgrade 逐漸增加格數。

✕ **再次複習！孩子都理解了嗎？**
解解看這個數織題目吧！
究竟會出現什麼形狀呢？

	0	1 1	1 1	5	0
3					
1					
3					
1					
3					

（答案請參考P223）

Part 3

. . .

戶外時間也能
盡情玩數學

即便離開熟悉的家，到戶外也能玩數學！將這些地方當作一間巨大的實驗室，孩子可以用不同角度認識大自然與世界。舉例來說，透過分類與測量自然中的物體，可以讓孩子逐步形成數學概念；假如能進一步連結到所學習過的數學基礎，更能體認到數學的實用性。

　　因此跟孩子到戶外活動時，也很推薦經由這些遊戲，多多幫助孩子體驗自然的數學！不過，由於地點比較特殊會影響孩子的注意力，比起教導新的概念，更推薦的方式是運用孩子已知的數學概念來進行活動。

01

用車牌玩
數字遊戲

一家人外出旅行常常會因為塞車而卡在車陣中，要是感到無聊的話，可以和孩子看看周圍車輛的車牌，利用上面的數字就能玩許多數字遊戲，將無趣又乏味的時間變得盡興。

● **基礎概念**　能認讀1到10的數，理解10的組合與二位數加法
● **目標概念**　熟悉1到10、10的組合與二位數加法
● **準備物品**　經過車輛的車牌

 確認基礎概念

讀讀看下面的數字。

（4）（7）（8）（2）

在下列數字中找出兩個數字湊成10吧！

| 3 | 6 | 7 | 5 |

（答案請參考P223）

1 藉由周圍的車牌數字練習認讀數字。

2 找出車牌中能夠湊成10的兩個數字，例如「3274」，3和7相加就是10。

3 玩過幾輪後，可改成找出車牌中能夠湊成10的三個數字，例如「1274」，1、2、7相加就是10。

4 也可以將遊戲改成將車牌的四個數字相加，找出總和最大的車牌。

讓遊戲更好玩的訣竅

▶ 請適當給予正面的回饋和調整遊戲要素（例如輪流設定誰先找到、找大的、找小的……等等不同遊戲玩法），引導孩子主動參與在遊戲中！別忘了，讓孩子保有熱情是最重要，若不慎讓孩子覺得一搭車就要被迫心算，反而會失去對數學的興趣喔！

再次複習！孩子都理解了嗎？

在下列數字中找出能湊成10的兩個數字吧！

(1) (8) (3) (2)

在下列數字中找出能湊成10的三個數字吧！

| 2 | 5 | 4 | 3 |

（答案請參考P223）

02

餐桌上需要
幾支湯匙和
筷子呢？

　　這個遊戲玩的是運算的基本概念「一對一的對應」。可以利用家人一起在外餐廳等待上菜的時間，進行「均分」的遊戲，從「每人一支湯匙」到「每人兩支筷子」以此類推，讓這段時間也充實地度過！

● **基礎概念**　10以內的數能順著數和跳著數
● **目標概念**　熟悉順著數和跳著數10以內的數
● **準備物品**　湯匙數支、筷子數支

　確認基礎概念

・先從 1 到 10 慢慢數看看。再數數看如果有 3 個人，總共有幾張嘴巴呢？
・從 1 到 10 兩個兩個數跳著數。空格內該放什麼數字呢？

（答案請參考P223）

1 數數看一起用餐的總人數。

2 說說看一個人需要幾支湯匙？那麼所有人總共需要幾支湯匙呢？

3 說說看一個人需要幾根筷子？那麼所有人總共需要幾根筷子呢？

4 一邊用餐，可以一邊繼續進行平均分配料理的遊戲。

讓遊戲更好玩的訣竅

▶ 很多人一起用餐時，正是讓孩子想想看所需的湯匙和筷子數量的好時機。尤其是問了「如果有10個人會需要幾根筷子」之後，要給予提示：「一個人的時候需要幾根？那兩個人的時候呢？」如此引導孩子兩根兩根跳著數。

☆ 再次複習！孩子都理解了嗎？

這裡有了隻鴨子，總共有幾隻腳呢？　　　這裡有了隻烏龜，總共有幾隻腳呢？

（答案請參考P223）

03

「有三個」，
猜猜是什麼？

開開心心的遊樂園日，即使設施前面排著長長的人龍，也愉快的度過等待的時間！排隊時可以跟孩子玩這個遊戲，這是一個要仔細觀察四周，並運用算數的活動，當然也很推薦在塞車或其他感到無聊的時刻玩。

● **基礎概念**　能數出1到10的數
● **目標概念**　熟悉數1到10的數
● **準備物品**　四周的物品

 確認基礎概念

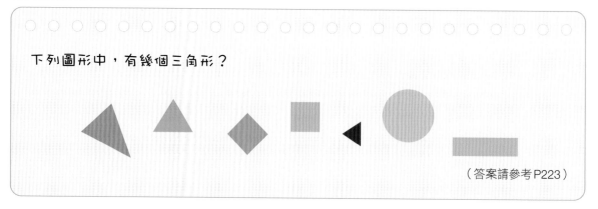

下列圖形中，有幾個三角形？

（答案請參考 P223）

1 觀察四周環境後,由一個人先在心裡指定其中一項遊樂設施。

2 然後算出跟那個遊樂設施有關的物品數量或人數,例如有○○個車廂等等,並給出提示。

3 另一個人聽到提示後,透過觀察周圍,判斷是哪項遊樂設施。

4 輪流出題和答題。

 讓遊戲更好玩的訣竅 tip

▶ 除了遊樂園,還有許多場合可以玩!像是和孩子觀察公園有幾棵樹之後,由爸媽發問:「針葉樹有幾棵?」或是觀察路上的交通安全標誌後,發問:「圓形的交通安全標誌有幾個?」以這種有包含其它條件的問題來發問,可以讓遊戲變得更有趣。

⭐ **再次複習!孩子都理解了嗎?**

右圖中,哪種動物的數量是3隻呢?

(答案請參考P223)

04

找到我的
置物櫃！

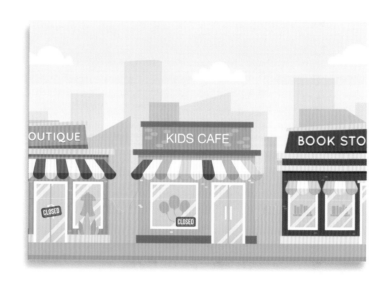

　　這遊戲不僅可以在親子餐廳進行，舉凡圖書館、游泳池等設有私人置物櫃的場所都很適合。推薦給已經熟悉10以內數字，要開始練習認讀二位數數字的孩子。這遊戲也能讓孩子瞭解到二位數在生活中被廣泛運用。

- ● **基礎概念**　能數出1到100的數
- ● **目標概念**　認讀1到100的數
- ● **準備物品**　具有規律編號的置物櫃

　確認基礎概念

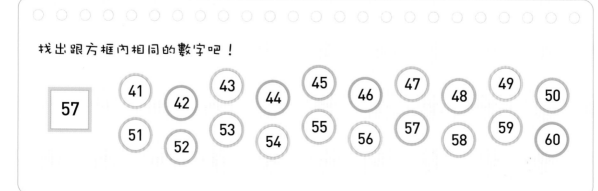

找出跟方框內相同的數字吧！

57

41　42　43　44　45　46　47　48　49　50
51　52　53　54　55　56　57　58　59　60

這樣玩玩看

1 拿到置物櫃鑰匙後，和孩子一起先確認鑰匙上的號碼。

2 走到置物櫃區，找到與鑰匙上相同的號碼。

3 將自己的物品放進櫃子保管後，讀讀看附近櫃子上標示的數字。

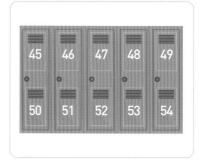

4 讓孩子找出置物櫃數字排列的規則。

讓遊戲更好玩的訣竅 tip

▶ 進行遊戲時需要考慮孩子發展的程度來配合不同的活動。孩子三、四歲時可尋找跟鑰匙號碼同樣的數字，四、五歲時可認讀二位數的數字，五、六歲以後則可以找出置物櫃數字排列的規則。

✬ **再次複習！孩子都理解了嗎？**

下列空格內該放什麼數字呢？

21	22	23	24	25		27	28	29	30
31	32	33	34	35	36	37		39	40

（答案請參考P223）

161

05
用果實和小石子
排出圖案

　　會數數字的孩子就會開始計算物體數量。其實計算物體數量對孩子並不是件簡單的事，因為是「背誦數字」和「將數詞對應到物體」雙重的課題。因此，既然已經去了公園探索大自然，就乾脆一邊動動身體，一邊愉快地數一數吧！

- ● **基礎概念**　能數出 1 到 10 的數
- ● **目標概念**　算出 10 個以內的物體
- ● **準備物品**　葉子、橡實果、小石子、樹枝等自然素材

 確認基礎概念

下列哪樣植物更多呢？

（答案請參考 P223）

1 收集公園中大自然的2～3
樣素材各10個。

2 用不同的方法加以排列。

3 排出孩子喜愛的圖案。

讓遊戲更
好玩的訣竅 **tip**

▶ 進行遊戲時,可以由大人拋出問題:「想要湊到10片葉子的話還需要幾片
呢?」藉此提高孩子的興致。

▶ 如果有好幾位參與遊戲的孩子,大人可以設定「誰最快找到10個」或「誰收集
的更多」等條件,讓所有孩子都積極參與。

✦ **再次複習!孩子都理解了嗎?**
補滿空格,讓圓形湊成10個吧!

06
手指加法遊戲

　　這個遊戲可以跟孩子一起體驗到5以內的加減法，而且完全不需要特別的場地和道具就能輕鬆開啟，不論在公園，還是搭車時都可以玩，讓孩子任何時刻都不覺得無聊。

- **基礎概念**　數出1到5的數
- **目標概念**　5的分解與組合
- **準備物品**　無

 確認基礎概念

下圖手勢表示的數字為何？

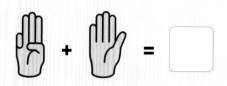 ＋ ＝ ☐

（答案請參考P223）

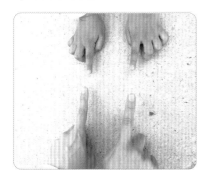

1 和孩子面對面，兩人都伸出雙手食指。

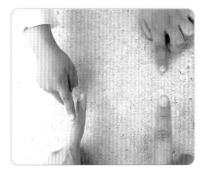

2 先由一個人伸出一隻食指去碰對方的一隻食指，此時伸出去的那隻手的手指數量會變成「兩隻碰觸的手指數相加」。

3 換成另一個人伸出手指碰觸對方，改變自己的手指數量。依照此玩法兩個人輪流出手。

4 當某一隻手的手指變成5隻，那隻手就結束遊戲！當其中一人的雙手都變成5的話就輸了！

讓遊戲更好玩的訣竅

▶ 請讓孩子明白，想要在遊戲中獲勝是需要戰略的。因為我的右手去碰對方的左手或去碰對方的右手，結果可能會完全不同。

再次複習！孩子都理解了嗎？
右方空格內應該出現什麼手勢呢？

（答案請參考P223）

07
終極密碼
Up and Down

　　這個遊戲推薦給已經具備數字順序概念，同時也擁有數感的孩子，透過與順序的相關線索來推測數字謎底。玩這個遊戲時可能會因為猜題的興奮感而大聲喊出數字，所以很適合在無聊的開車旅途中進行。

- **基礎概念**　能數出1到100的數
- **目標概念**　認讀1到100的數
- **準備物品**　無

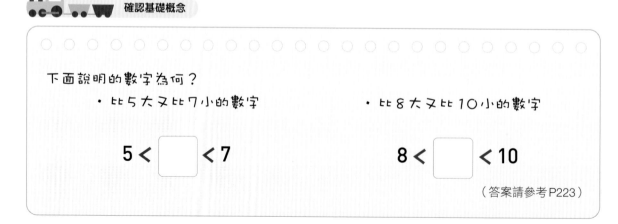

確認基礎概念

下面說明的數字為何？

- 比5大又比7小的數字

- 比8大又比10小的數字

5 < ☐ < 7

8 < ☐ < 10

（答案請參考P223）

1 先由一個人當出題者，出題的人在腦中選擇一個數字，並說出包含指定數的範圍，如1～10或1～100。

2 由其他人輪流猜這個指定的數字。

3 如果猜的數字比指定數字小，出題者就要說「Down」，反之就說「Up」。

4 猜題的人可以透過這些線索逐漸縮小數字的範圍。

5 直到猜對指定的數字就結束遊戲。

讓遊戲更好玩的訣竅

▶ 依照孩子的程度，也可以設定「誰花更少的次數就猜對」的獲勝條件。

▶ 如果範圍是1～10，家長應該先幫助孩子釐清猜「5」的時候出現「Up」的線索時，答案會落在「6～10」之間。

✿ **再次複習！孩子都理解了嗎？**

小花說明的數字是什麼呢？

比15大又比19小，而且是奇數。
提示：奇數就是尾數1、3、5、7、9的數字。

15 < ☐ < 19

（答案請參考P223）

08

避開數字20！

　　這個看似簡單的喊數字遊戲，也暗藏了數學邏輯，只要搞懂原理，就能控制輸贏喔！玩的時候需配合孩子的程度，如果一開始還搞不懂，可以將目標數字縮小一點，幫助孩子理解規則。

- **基礎概念**　能數出1到20的數
- **目標概念**　認讀1到20的數
- **準備物品**　無

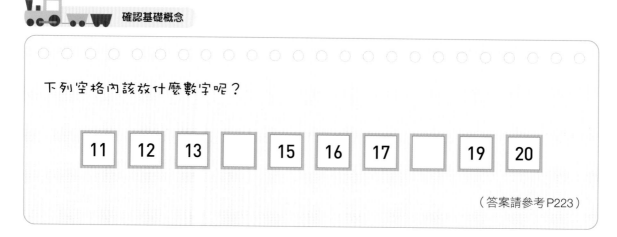

確認基礎概念

下列空格內該放什麼數字呢？

11	12	13		15	16	17		19	20

（答案請參考P223）

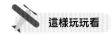

1 由一個人從1開始喊數字，一次可以喊1～2個數字。

2 輪下一個人喊數字，一樣一次喊1～2個數。

3 輪流喊數，最後喊出20的人就算輸！

 讓遊戲更好玩的訣竅

▶ 目標數字可以自由指定為20、31、50等等。

▶ 獲勝的祕訣！其實這個遊戲可以推算出致勝法。假設規則為「一次可以喊1～2個數、最後喊出20的人就輸」，則可以推導「喊到19就會贏」，進而往後推算出「16、13、10、7、4、1」為獲勝的關鍵數字，所以基本上先喊的人，只要都喊到關鍵數字就不會輸。

★ **再次複習！孩子都理解了嗎？**

小花 👧 和小明 👦 在玩「喊出20就輸」的遊戲，每個人一次可以喊1～2個數字，如果想讓小明喊出20的話，小花下一步應該怎麼喊數字呢？

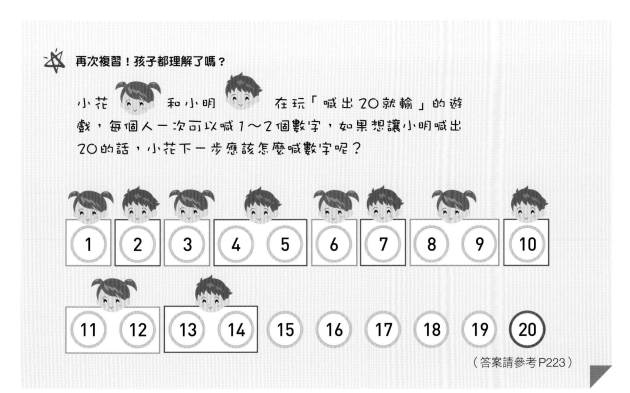

（答案請參考P223）

09

1、2、3、蹦！

　　這個遊戲或許爸爸媽媽都玩過！是一個不需要特別準備的數字遊戲，雖然十分常見但具有「倍數練習」意義，能讓孩子自然投入遊戲中，不會感到厭倦。

- **基礎概念**　認識3和10的倍數
- **目標概念**　熟悉3和10的倍數
- **準備物品**　無

 **確認基礎概念**

> 下列空格內該放什麼數字呢？
>
> ① ② ○ ④ ⑤ ○ ⑦ ⑧ ○ ⑩
>
> （答案請參考P223）

1 從1開始，大家輪流喊數。

2 每逢3的倍數就不能喊出數字，改成拍手。

3 每逢10的倍數就不能喊出數字，改成雙手張開並喊「蹦」。

4 輪到自己時，如果喊錯或比錯動作就算輸！

tip 讓遊戲更好玩的訣竅

▶ 如果按照拍子喊數字對孩子來說還是很困難，一開始可以不打拍子進行。

▶ 在玩「逢3跳過」之前，可以先從「逢2跳過」、「逢5跳過」等倍數難度較低的數字開始練習。

▶ 假如一開始孩子還不熟悉玩法，可以先在紙上寫1～30的數字，然後把3和10的倍數特別標示出來，降低遊戲難度就能順利進行。

再次複習！孩子都理解了嗎？

在下列數字中找出該「拍手」的數字和該喊「蹦」的數字。

1	2	3	4	5	6	7	8	9	10
11	12	13	14	15	16	17	18	19	20

（答案請參考P223）

10

路上地磚玩
程式設計
（coding）

　　自己能下指令讓對方依序完成「往前幾步」、「往旁邊跳幾格」的任務，就是建立了演算法的思考基礎。而這種「順序性邏輯思考」，也是在幼兒學習程式設計中的一個重要思維。現在，我們透過這個簡單的遊戲來體驗看看吧！

- **基礎概念**　理解表達位置的詞彙
- **目標概念**　順序性的邏輯思考
- **準備物品**　葉子、松果、樹枝等自然素材，或是可以放地上的用具

確認基礎概念

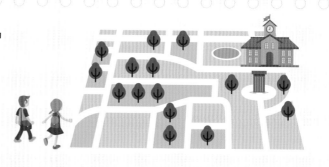

在圖中找出所有可以走到學校的
方法，並用手指出來。

1 在四邊形的人行道磁磚上放置幾個物品。

2 由大人先指定任務，例如：撿起樹枝後穿鞋。指定出發點之後，思考可以下怎樣的路線指令讓孩子完成任務。

3 由指定任務的人說明路線為「往右走〇格，再往前走〇格，然後撿起樹枝。」孩子要按照指令移動。

4 正確達成任務就算成功！並交換角色再玩一次。

讓遊戲更好玩的訣竅 **tip**

▶ 孩子如果講錯格數或方向，爸媽不需要立刻糾正喔！不如就順著孩子的指令，讓孩子自己找出路線。

▶ 熟悉遊戲之後，可以加入時間限制等規則，這樣可以讓孩子慢慢瞭解到最短距離的概念，也能明白「距離與時間」的關係。

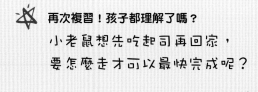

再次複習！孩子都理解了嗎？

小老鼠想先吃起司再回家，要怎麼走才可以最快完成呢？

（答案請參考P223）

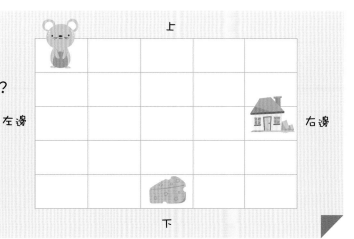

11

我的社區
有什麼呢？

　　其實孩子的腦內世界遠比大人想像的寬廣。我們可以先嘗試在紙上跟孩子說明每天生活的環境，如此既可以培養孩子的方向感，也能讓孩子更有系統的認知世界。

- ● **基礎概念**　理解表達位置和方向的詞彙
- ● **目標概念**　熟悉表達位置和方向的詞彙
- ● **準備物品**　空白紙1張、筆1支

確認基礎概念

右圖是小花家附近的地圖。小花從學校出發走到圖書館，然後路過超市走回家，請用手指出這條路徑吧！

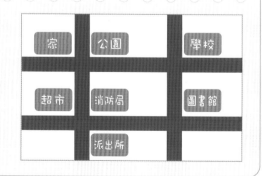

1 和孩子一起觀察住家的四周環境。

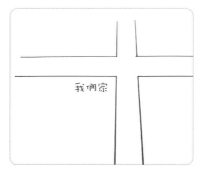

2 一起在紙上畫出家附近最大的馬路。

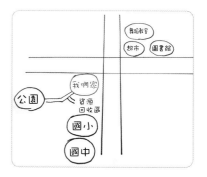

3 標示出大馬路附近顯眼的主要建築物。

4 和孩子一起走走看那條大馬路，看看自製地圖是否畫得正確。

讓遊戲更好玩的訣竅 tip

▶ 當孩子年紀越大、發展程度越高，就可以把這個地圖遊戲的範圍擴展到更大的區域。此外，如果孩子已經理解方位，也可以跟孩子討論方位的名詞和試著運用看看。

再次複習！孩子都理解了嗎？
這是小黑家附近的地圖。
你知道離小黑家比較近的是
郵局還是派出所呢？

（答案請參考P223）

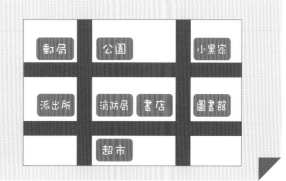

12

飛遠一點吧！
鞋子呀！

這個特別的遊戲很推薦在人比較少的公園或空地玩。如果孩子已經玩膩了一般的靜態遊戲，可以嘗試看看這個活動力十足的遊戲！透過這個遊戲可以學到直觀來比較距離，以及利用步伐來測量距離的差異。

● **基礎概念** 直觀比較距離
● **目標概念** 直接比較與間接比較距離
● **準備物品** 鞋子

 確認基礎概念

下圖中最長的棍子是什麼顏色呢？

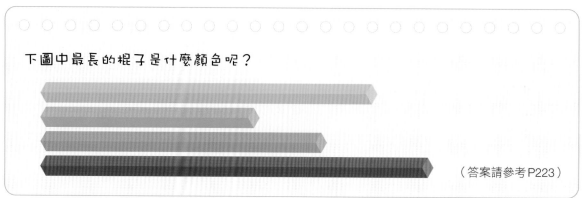

（答案請參考 P223）

1 找某個物品當做起點線，腳尖貼齊界線，脫掉一半的鞋子準備踢出。

2 腳用力踢出鞋子，讓鞋子飛得越遠越好。

3 互相都踢出鞋子後，目測哪隻鞋子離起點最遠。

4 用步伐計算從起點到鞋子落地的位置有幾步。

tip 讓遊戲更好玩的訣竅

▶ 要注意踢出一隻鞋子後，一隻腳只能赤腳去撿回鞋子，所以請避開太多人的地方、斜坡以及赤腳行走會危險的場地。

再次複習！孩子都理解了嗎？

我們家距離兔兔家有50步，距離狗狗家有45步，
你知道誰家離我們家比較近嗎？

（答案請參考P223）

13

哪個杯子最大？

　　對這時期的孩子來說，想要比較形狀不同的物體的體積是滿困難的事，因為孩子很難同時考慮寬度、高度等多種變因。請用不同形狀的容器玩裝沙遊戲，藉以拓展孩子的多元視野吧！

● **基礎概念** 比較圖形大小的概念
● **目標概念** 比較立體圖形的體積
● **準備物品** 空白紙1張、筆1支、不同形狀的杯子3～5個、大盒子1個

 確認基礎概念

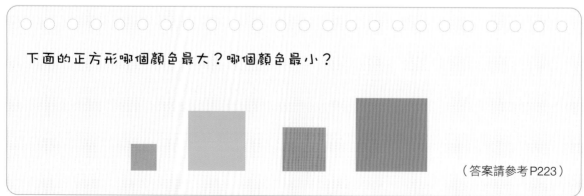

下面的正方形哪個顏色最大？哪個顏色最小？

（答案請參考P223）

1 讓孩子觀察不同形狀的杯子，請孩子從最大的杯子開始排成一列。

2 分別用各個杯子裝沙，填滿準備好的大盒子。

3 在紙上記錄每個杯子各裝了幾次沙子才能填滿盒子。

4 按照剛剛測量後的結果、推測杯子的體積，再次由大到小排序。

讓遊戲更好玩的訣竅

▶ 跟尚未具有「體積」概念的孩子玩遊戲時，可以使用「大小」來取代「體積」，例如可以說：「哪個最大呢？」

▶ 跟孩子討論看看只以「高度」、「底部的面積」等單一屬性來排序，跟以實際用杯子裝沙子的量來排序，兩者有什麼差別。

 再次複習！孩子都理解了嗎？

使用黃色杯子裝沙子裝滿下面的大盒子時，總共要裝3次，藍色杯子要裝6次，紅色杯子要裝4次。哪個顏色的杯子最大呢？

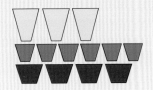

（答案請參考P223）

14

今天來跟
太陽玩影子遊戲

　　當孩子開始注意到太陽和影子時，便可以進行這個融合數學和科學的遊戲，憑藉影子的方向和長度來思考太陽的位置。雖然要進行長時間的觀察並不容易，但是能親眼確認大自然的變化，對孩子來說是一件非常神奇的事。

- **基礎概念**　認識測量長度、比較長度
- **目標概念**　熟練測量長度、比較長度
- **準備物品**　有厚度的紙1張、筆1支、保麗龍膠、泡棉棒1根、尺1把

確認基礎概念

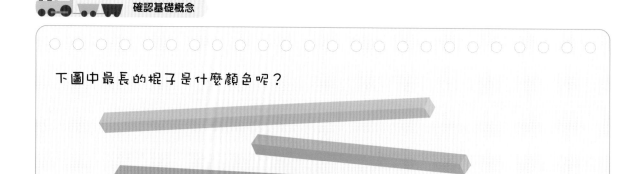

下圖中最長的棍子是什麼顏色呢？

（答案請參考P223）

1 用保麗龍膠將泡棉棒直立在厚紙上。

2 選擇一個能曬到太陽的地方，從早上9點左右到日落前，每隔2小時，在同一地點測量泡棉棒影子的長度。

3 過程中持續觀察影子的長度和方向，並用筆做下記錄。

4 跟孩子一起討論一天當中太陽移動的方向、影子的方向以及影子的長度。

讓遊戲更好玩的訣竅 **tip**

▶ 測量泡棉棒影子長度必須在同一個地點測量。

再次複習！孩子都理解了嗎？
盆栽影子的方向如圖所示，那麼太陽的位置會在哪裡呢？

15

把同類的石頭
分在一起吧！

　　將模糊的類別概念用準確的規則加以分類，經由這樣的經驗能幫助孩子理解分類的概念。利用我們生活中的大自然，從單一的分類開始，到使用文氏圖的複合分類，讓孩子擁有多種豐富的體驗！

- ● **基礎概念**　理解單一分類
- ● **目標概念**　理解單一分類、複合分類
- ● **準備物品**　空白紙1張、筆1支、各種形狀的石頭數顆

　確認基礎概念

將下列物體分成兩類吧！

（答案請參考P223）

1 先在公園收集各種形狀的石頭。

2 大人先試著指定一個分類標準，將石頭分成兩類，例如顏色。

3 再指定另一個分類標準，將石頭分成兩類，例如大小。

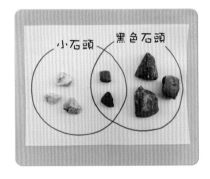

讓遊戲更好玩的訣竅 tip

▶ 繪製文氏圖時，如果兩個圓的屬性相似，交集的標準就會變得模糊。舉例來說，「大的」和「小的」這種屬性的交集就很模稜兩可。因此兩個圓要用不同的屬性來設定，如：「大的」和「白色的」，交集屬性就很明確是「又大又白的」。

4 綜合步驟 2、3，在紙上畫出文氏圖。

 再次複習！孩子都理解了嗎？

小明撿了這些樹葉，你知道兩個圓中間交集的部分會是什麼樣的樹葉嗎？

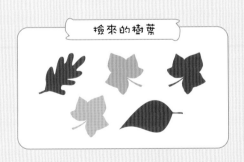

撿來的樹葉

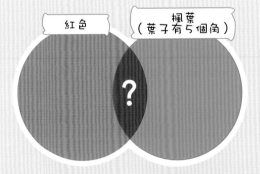

紅色　　楓葉（葉子有5個角）

?

（答案請參考P223）

183

Part 4

. . .

好玩又益智的
數學桌遊

本章將會介紹從小孩到大人都很喜歡的桌遊，除了「數學能力」還加上「運氣、戰略」的變化因素，既能提升玩家投入的程度，更可以讓孩子自然體驗到數字與空間的概念，因此在學校課程中也經常被使用。不僅如此，更因為桌遊有其玩法規則，所以能培養解決問題的能力與耐心，並思考獲勝的戰略。此外，在爭奪勝負的過程，能刺激孩子的求勝欲與成就感，也能養成孩子「享受遊戲」的成熟態度。

　　雖然大部分的桌遊都會標示出適合的年齡，但選擇遊戲時最重要的就是「配合孩子的發展階段與偏好」！甚至爸媽能依情況微調一些規則的話，更能提高孩子的興致。

01

【德國心臟病】
完全征服5吧！

　　這款遊戲不僅規則簡單、道具單純，還能培養孩子的數感，發揮孩子的高度專注力等多重效果！透過這款遊戲，能訓練孩子「看出5個相同的物品」的能力，以及能用不同方法分解與組合「5」。

● **基礎概念**　5的分解與組合
● **目標概念**　用不同方法進行5的分解與組合
● **參與人數**　2～6人

　確認基礎概念

拿兩張牌
湊成5吧！

（答案請參考P224）

1 按照人數平分大牌，並將牌面朝下。

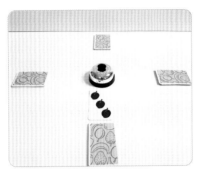

2 輪流從自己的牌堆最上面第一張翻牌。

3 當牌面同樣種類的水果達到「5個」時就搶鈴。最快搶鈴的人可以拿走所有翻開的牌，疊在自己的牌堆下。

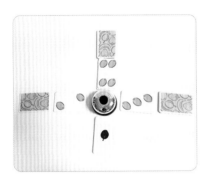

4 若輪到自己時牌堆已經沒有卡牌可以翻開就淘汰。

用其他方法來玩

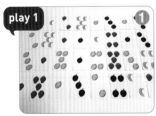 

❶ 將牌翻到正面。
❷ 比賽組合卡片，讓同樣水果達到10個。

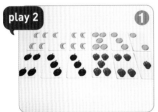 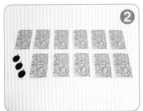

❶ 組合出4組總數為10的卡片。
❷ 用玩記憶遊戲的方式玩。把牌洗亂並蓋牌，找出總數為10的組合。

02

【達文西密碼】
和數字混熟吧！

　　這是一個可以理解數字順序和培養邏輯思考的遊戲。遊戲中要以自己持有的數字為線索，推敲對方持有的數字為何。因為玩這個遊戲的過程需要動腦推理，能在短時間提升孩子的專注力。

- **基礎概念**　了解20以內的數字順序
- **目標概念**　應用20以內的數字順序
- **參與人數**　2～4人

確認基礎概念

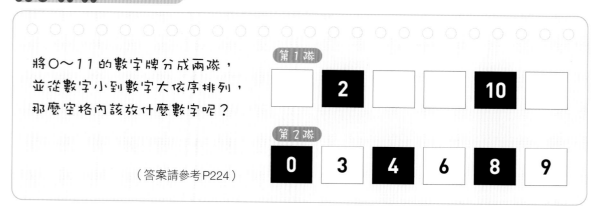

將0～11的數字牌分成兩隊，並從數字小到數字大依序排列，那麼空格內該放什麼數字呢？

（答案請參考P224）

第1隊					
	2			10	

第2隊					
0	3	4	6	8	9

1 覆蓋所有數字牌並洗亂,每個玩家各拿4張牌。

2 將牌從小到大排列,如果有相同數字,將黑色數字牌放在右邊。

3 輪到自己時,從牌堆抽一張覆蓋的牌,依照步驟**2**的規則放進自己的牌列。

4 並猜其他玩家手牌中的某一張數字牌,如果猜對,對方就要公開那張牌;如果猜錯,自己就要公開剛剛抽的牌。

5 猜對的人可以選擇喊「停(Stop)」,輪下一個人,也可以選擇繼續推理其他人尚未公開的手牌。

6 所有牌都攤開的人就輸了!

用其他方法來玩

 ❶

 ❷

 ❸

 ❹

❶ 抽出7張數字牌,從小到大排成一直排。

❷ 從蓋覆的牌堆中抽一張牌,按以下規則排列:左排數字小,右排數字大,排在步驟❶的數字牌旁。

❸ 接著輪到對方抽牌。

❹ 當自己抽的牌沒有地方可以接的時候就輸了!

03

【十全十美】
Make 10&20 ！

在所有數字中，10是最基礎的運算數字。這裡我們運用桌遊讓孩子體驗「10」這個重要數字的組合，嘗試用不同方法將數字湊成10、20，並學習如何制定戰略。相信在玩遊戲的過程中能促使孩子更樂於親近數學。

- **基礎概念**　了解20的分解與組合
- **目標概念**　熟悉20的分解與組合
- **參與人數**　2～4人

確認基礎概念

在下列數字中找出了個數字湊成10吧！

| 1 | 2 | 4 | 5 | 7 |

（答案請參考P224）

1 每位玩家從覆蓋的牌堆中各抽15張牌。每個人限時1分鐘，輪流開始。

2 從15張牌中找出相同顏色的3張牌湊成「10」排成一列，這樣的組合稱為「數字樹」。若無法湊出數字樹則要從牌堆抽一張牌。

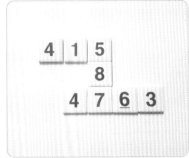

3 在自己同色的數字樹上可以拼接其他數字，不論橫排、直排皆必須是10或20的組合。

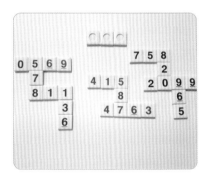

4 湊10的時候使用3張牌，湊20的時候使用3～4張牌。

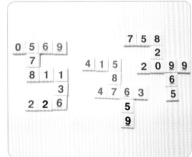

5 黑色可以當萬用色。最先把自己的數字牌都接完的人就獲勝。

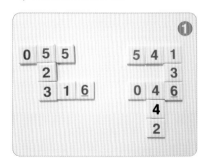

❶ 如果孩子覺得運算20有難度，可以從10開始玩。

04

【七七大限 lobo77】 快速相加 二位數！

　　這項桌遊具有規則好理解、道具簡單、體積小等多種優點，適合全家外出或旅行時隨身攜帶，當然遊戲也非常容易上手。一家人開開心心玩遊戲的同時，就能讓孩子熟悉二位數的加法！

● **基礎概念**　能做二位數的加法
● **目標概念**　能心算二位數的加法
● **參與人數**　2人以上

　確認基礎概念

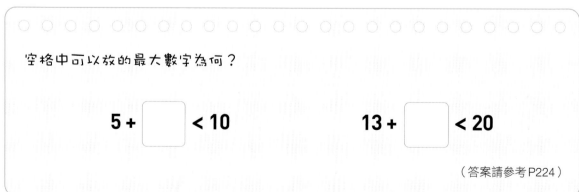

空格中可以放的最大數字為何？

$$5 + \boxed{} < 10 \qquad\qquad 13 + \boxed{} < 20$$

（答案請參考P224）

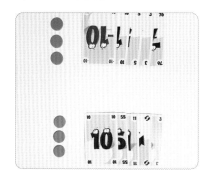

1 每人分5張卡牌和3個小圓片,把剩下的紙牌堆放在中間。

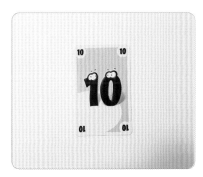

2 第一個玩家開始出一張牌,並喊出數字,再從牌堆抽一張補回手牌。

3 下一個玩家也出一張牌,並喊出跟底下的牌相加後的數字。然後玩家輪流出牌。

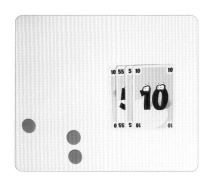

4 讓卡片數字的總和超過77的人就會爆炸,每次爆炸會損失一個小圓片,當玩家失去三個圓片時又再次爆炸的話,該玩家就淘汰囉!

用其他方法來玩

① 追加規則,讓總和達到特定數字的倍數就算輸。可以指定孩子比較容易認知的數字,如2、5、10、11等的倍數。

05

【拉密牌】
數到30都
沒問題！

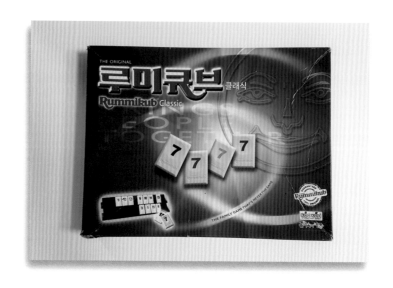

　　全世界最暢銷的桌遊中，拉密牌算是榜上有名！與著名的德國心臟病、疊疊樂並稱三大桌遊。不僅能熟悉數字順序，還能體驗簡單的加法，對已經能進行30以內加法運算的孩子來說是相當有趣的遊戲。

● **基礎概念**　能做二位數的加法
● **目標概念**　能心算二位數的加法
● **參與人數**　2～4人

確認基礎概念

在下列數字中找出三個數字，讓總和等於20吧！

| 1 | 2 | 3 | 4 | 5 | 6 | 7 | 8 | 9 | 10 |

（答案請參考P224）

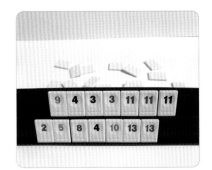

1 覆蓋牌面洗牌後，每人抽14張牌放在牌架上，剩下的牌整理為牌堆。

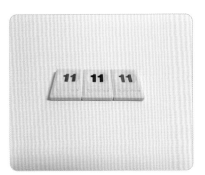

2 各玩家要破冰，也就是要出一組至少3張的牌放到檯面，這組牌可以是不同色但同號的牌，或是同色的連號牌，且牌面數字的總和要超過30。可破冰到無法出牌或不想出牌。另外，從一開始就沒辦法破冰的人，要從牌堆抽一張牌到牌架。

❶ 如果孩子還不太會算加法，可以將數字總和條件降低（例如超過10），或是直接取消數字總和的條件。

❶ 每人各抽20張牌。
❷ 依規則盡量出組合牌，剩下未出的牌數字加總後，總和最小的人就獲勝！

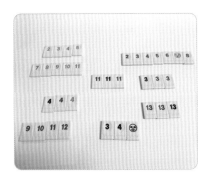

3 順利破冰的人，接下來出牌就不用考慮數字總和。每次1分鐘，從牌架上出牌到已出的牌列，規則同步驟 2，如果沒有能出的牌，就要從牌堆中抽牌到牌架。

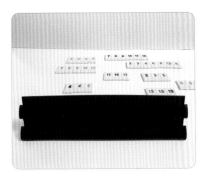

4 當有人牌全部出完時喊「拉密」即獲勝。所有人將持有的牌的數字加總，總和最大的人就輸了。

06

【誰是牛頭王】
Take 6 ！

這遊戲的道具只有1～104的數字牌，規則也相當單純，就是Take 6（拿走6張牌的意思）。然而，這遊戲被認為能刺激玩家大腦思考、培養專注力，甚至是被高智商學會「門薩」選為優良遊戲。

● **基礎概念** 了解100以內的數字順序、二位數的加法
● **目標概念** 能應用及心算100以內的數字順序、二位數的加法
● **參與人數** 2～10人

 確認基礎概念

各自比較以下三組數字，
右邊的兩個數字當中哪個跟「綠色圓圈內的數字」更接近呢？

(56) **50　60**　　　(38) **32　46**　　　(86) **82　80**

（答案請參考 P224）

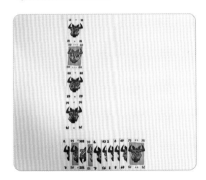

1 每位玩家各分10張牌，在剩下的牌當中抽4張，正面朝上放在檯面成一直排。

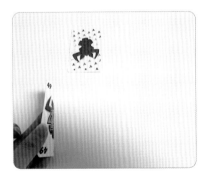

2 每個人各拿出一張最想拋掉的牌放在場上，然後同時翻面，數字最小的人就是第一個玩家。

3 玩家要將自己剛剛出的牌，接在檯面牌陣中任一張的右邊。規則是數字要比較大且最接近這張牌。

4 所有人都放牌之後就開始新的一輪，同樣的過程重複2到3次。

5 如果自己的牌數字太小，而無處可放，就要選其中一橫排的卡全部收回來，然後再放一張自己的牌。

6 當自己放的牌是那一橫排的第6張，就要把前面5張牌全部收回後，將自己放的那張牌當作新的起始排。

7 當10張牌全部出完之後，遊戲就結束！玩家要計算自己手牌中總共有幾個牛頭。

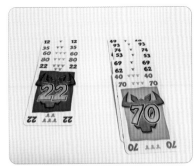

8 牛頭最少的人就獲勝。

07

【數字火車（Streams）】誰的戰略和運氣最好？

這遊戲需要理解數字由小到大的順序，並有戰略地思考應用，當然也需要一點運氣！也因為具有「運氣」這種不確定的因素，可以讓遊戲變得更好玩。這遊戲最棒的是只要有紙和筆，不論在哪裡、沒有人數限制，都能讓所有人樂在其中。

- **基礎概念** 了解數字順序、二位數的加法
- **目標概念** 應用數字順序、二位數的加法
- **參與人數** 2人以上即可

確認基礎概念

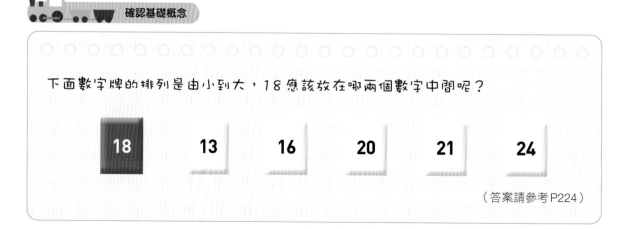

下面數字牌的排列是由小到大，18應該放在哪兩個數字中間呢？

| 18 | 13 | 16 | 20 | 21 | 24 |

（答案請參考P224）

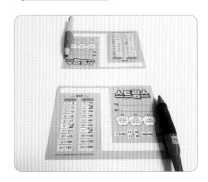

1 依照玩家人數,各發一張計分紙和一支筆。

2 把41張牌放進袋子裡,一次抽一張,抽20回合。可指定一位玩家負責抽牌或大家輪流抽。

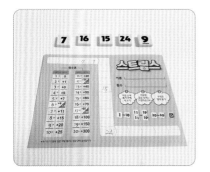

3 每個玩家都要在空格填上抽出來的數字,由小排到大,一邊推測這個數字放在哪格能製造更長的「連結」。

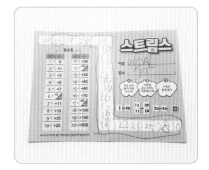

4 抽完20張牌之後,計算分數。相連的數字越長,分數就越高。

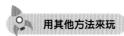 用其他方法來玩

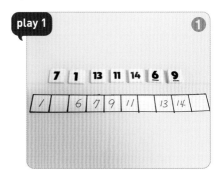

❶ 只拿出1~15的數字牌。用10個空格來進行遊戲。

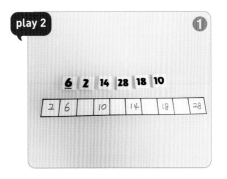

❶ 只拿出雙數的數字牌。用10個空格來進行遊戲。

08

【幾何釘板（Geoboard）】畫圖形！

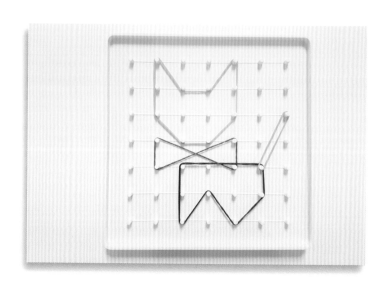

　　即使是小肌肉尚未發育完全，或是對畫直線還不熟練的孩子，也能自己利用這個桌遊動手做出各種圖形。透過自由探索並分類圖形的過程，拓展對空間與圖形的理解。

- **基礎概念**　了解圖形的特徵與對稱
- **目標概念**　熟悉圖形的特徵與對稱
- **參與人數**　1人即可

 確認基礎概念

連接圖上的點，做出一個三角形和一個四邊形吧！

（答案請參考P224）

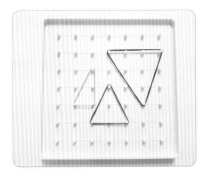 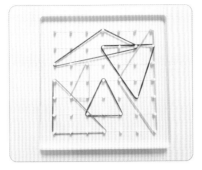

1 利用橡皮筋連接幾何板上的 3 個點，做出圖形。

2 在做好的三角形當中找出直角三角形和鈍角三角形。

 這樣玩玩看

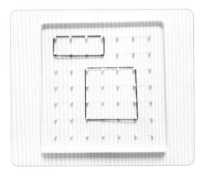 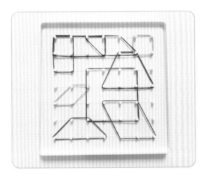

1 利用橡皮筋連接幾何板上的 4 個點，做出圖形。

2 觀察做好的四邊形特徵，找出正方形、長方形、平行四邊形、梯形等圖形。

 用其他方法來玩

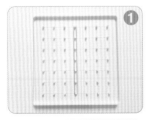 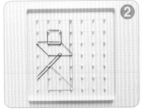

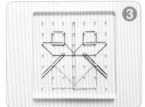 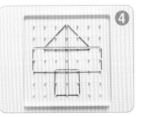

❶ 利用橡皮筋在幾何板中央做出一條長直線。

❷ 在中線左側任意做出各種形狀。

❸ 想像幾何板沿著中央線對折，在右邊做出對稱的圖形。

❹ 依照同樣的規則，也做出橫跨中央線的圖形。

09

【魔珠金字塔】
快速培養空間
的能力！

辨別空間的能力不僅在學習過程中是不可或缺的概念，在生活中更是處處都需要的能力。這款遊戲是透過將平面圖形翻面或旋轉後，找到適當的位置擺放的過程，孩子在遊戲中就能發展辨別空間的能力，不知不覺培養預測平面圖形的對稱與旋轉的結果。

- **基礎概念** 了解圖形的旋轉與對稱
- **目標概念** 應用圖形的旋轉與對稱
- **參與人數** 1人即可

確認基礎概念

將左邊的圖形翻面或旋轉，不可能是哪個形狀呢？

（答案請參考P224）

 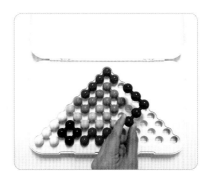

1 依圖示在遊戲板上放上魔珠。

2 試著用剩下的魔珠填滿所有空間。

用其他方法來玩

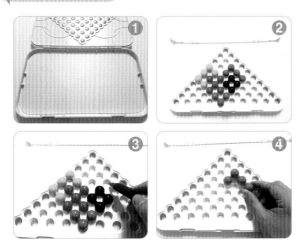

① 在遊戲板下準備一張白紙。

② 一位玩家用魔珠排出任意形狀。

③ 在白紙上畫出圖形的輪廓線，並取出所使用的魔珠。

④ 另一玩家觀察輪廓線與取出的魔珠，重新把魔珠拼回去。交換角色繼續玩。

10

【幾何立體拼拼樂挑戰版（Q-bitz）】排出跟我一樣的！

　　其實，這個階段的孩子所具備的幾何學概念超過大人的想像，可以說是學習圖形概念的大好時機。透過這遊戲不僅可以學到圖形概念，還能提升對序列的理解。

- **基礎概念**　了解圖形的旋轉與對稱
- **目標概念**　應用圖形的旋轉與對稱
- **參與人數**　2～4人

 確認基礎概念

如果想做出左邊的圖案，不需要哪塊拼圖呢？

（答案請參考P224）

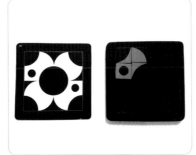

1 將挑戰圖案的卡片堆放在中間,並翻開一張挑戰卡。

2 嘗試轉動自己的立體方塊,排出跟挑戰卡相同的圖案。

3 完成相同圖案時,就喊「Q-bitz」。

4 最先喊的人可以收下挑戰卡,最後挑戰卡數量最多的人獲勝。

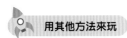

用其他方法來玩

❶ 第一位玩家拼出任意圖案,並用手機拍下圖案。

❷ 下位玩家看著照片拼出同樣的圖案。

❸❹ 交換角色繼續玩。

11

【coinx（space）】自己也能玩的桌遊！

　　這款桌遊即使大人不一起參與，孩子也能一個人玩。可以依照希望的難易度，選擇不同的遊戲方式。遊戲體積小而輕巧，外出時方便隨身攜帶，隨時想玩就玩。

- ● **基礎概念** 了解圖形的旋轉與對稱
- ● **目標概念** 應用圖形的旋轉與對稱
- ● **參與人數** 1人即可

確認基礎概念

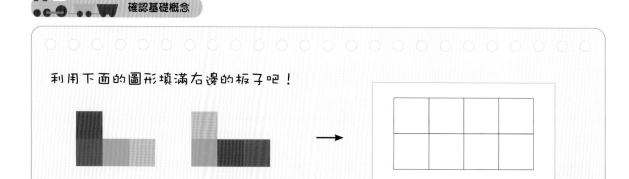

利用下面的圖形填滿右邊的板子吧！

（答案請參考 P224）

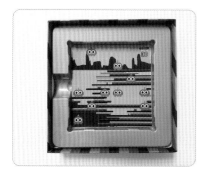

1 選一張圖卡放在場上。

2 放入立體方塊填滿空間,並讓圖卡裡面的外星人都能從洞裡露出來。

用其他方法來玩

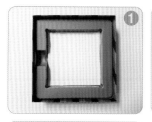
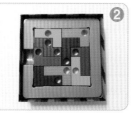
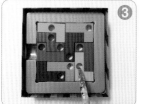

❶ 剪一張跟題卡相同大小的紙。

❷ 任意放入立體方塊。

❸ 在紙上標示出立體方塊的洞,並取出所有立體方塊。

❹ 完成後交由另一方解題。

12

【烏邦果 （Ubongo）】 完成拼圖吧！

　　類似七巧板的「烏邦果」是一款連還不識字的孩子都可以輕易上手的遊戲。遊戲中會運用各種方法旋轉和移動圖形，可以引發孩子的興趣，提升對圖形的理解能力，同時培養對空間的感覺。

- **基礎概念**　了解圖形的旋轉與對稱
- **目標概念**　應用圖形的旋轉與對稱
- **參與人數**　1～2 人

 確認基礎概念

利用下面的圖形填滿右邊的板子吧！

（答案請參考 P224）

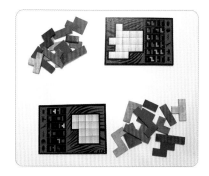

1 每位玩家拿一組共12片的幾何板塊，以及一塊拼圖板。

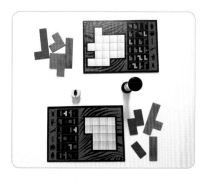

2 擲骰子決定這一回合可以使用的板塊種類，然後翻轉沙漏開始遊戲。

3 使用指定的幾何板塊填滿拼圖板上的空格。

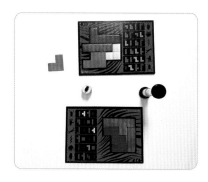

4 完成後喊「烏邦果」，即為遊戲的贏家。

用其他方法來玩

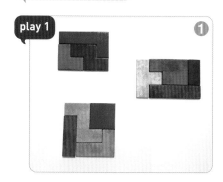

play 1 ❶

❶ 將幾何板塊用不同方法拼出長方形。

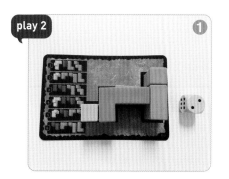

play 2 ❶

❶ 熟練後也可以挑戰3D版烏邦果。

13

在螢幕外玩的
【俄羅斯方塊】

註：台灣可買到 Tetris Link

爸媽們小時候都玩過俄羅斯方塊吧！當然最近也有很多小孩用手機玩俄羅斯方塊。如果擔心孩子過度使用3C產品，可以利用這組桌遊來取代！

● **基礎概念**　認識圖形的旋轉與對稱
● **目標概念**　應用圖形的旋轉與對稱
● **參與人數**　2～4人

 確認基礎概念

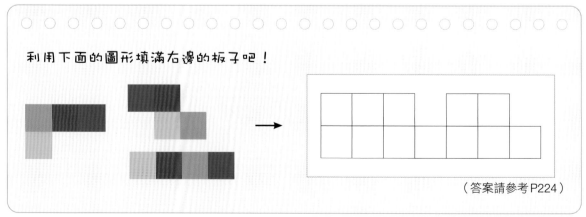

利用下面的圖形填滿右邊的板子吧！

（答案請參考P224）

1 從俄羅斯方塊中，取出自己
想要的那組顏色。

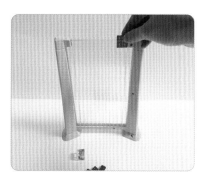

2 擲骰子決定要使用的方塊，
然後從方塊塔上方的小洞放
下方塊。

3 如果有三個以上同顏色的方
塊相連在一起，就可以加
分；出現空格就扣1分。

4 如果已經無法再放入方塊，
遊戲就結束！合計分數決定
排名。

用其他方法來玩

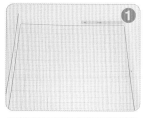

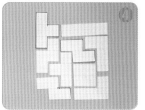

❶ 準備畫好格線的空白紙。
❷ 沿著俄羅斯方塊的外緣描邊。
❸ 剪下方塊。
❹ 用剪下的方塊拼出任意形狀。

14

【格格不入（Blokus）】拓展我的領域！

　　有許多桌上遊戲都是利用數個正方形相連而成的圖形來玩，例如烏邦果、俄羅斯方塊等等。而這款方格遊戲的玩法雖然也有些相似，但這次要利用五連方塊來占領自己的領域！

● **基礎概念**　認識圖形的旋轉與對稱
● **目標概念**　應用圖形的旋轉與對稱
● **參與人數**　2〜4 人

　確認基礎概念

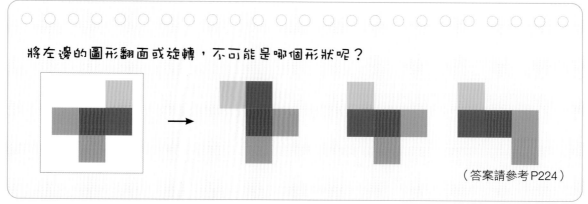

將左邊的圖形翻面或旋轉，不可能是哪個形狀呢？

（答案請參考 P224）

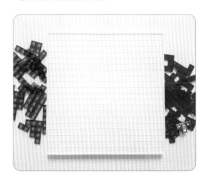

1 每位玩家選擇一組顏色的方塊，一組共21片。

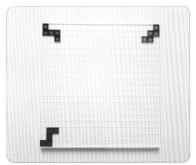

2 從起始玩家開始，每個人都要放一片方塊在遊戲板上，第一片務必要從遊戲板的其中一角出發。

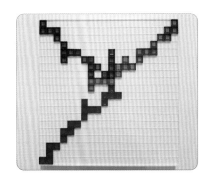

3 從第二個方塊開始，必須跟自己剛才所放的方塊的頂點相連。注意不可以碰觸自己方塊的邊，但可以跟其他色的方塊相連。

4 如果無法再放任何方塊就輸了！

用其他方法來玩

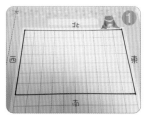
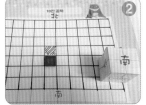
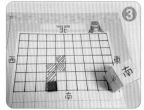

❶ 準備畫好格線的空白紙和骰子，並標上東西南北。（可運用附錄P227）

❷ 將一個方塊放在紙中央，擲骰子決定移動的方向。方塊經過的格子就塗色。

❸ 繼續擲骰子，直到塗了5格的顏色為止。

❹ 找出跟塗色區塊相同形狀的幾何方塊。

15

【形色棋（Qwirkle）】
有沒有一樣的呢？

　　「形色棋」的棋子色彩鮮豔、規則較為簡單，任何人都能享受在遊戲中。除了要找出圖形顏色和形狀的共同性，這款桌遊也是高智商學會「門薩」指定的優良遊戲，需要深入思考的能力，請挑戰一次看看吧！

- **基礎概念** 理解表格的屬性
- **目標概念** 應用表格的屬性
- **參與人數** 2～4人

確認基礎概念

適合放入空格的是右列哪個圖形呢？

（答案請參考P224）

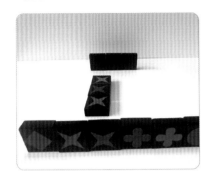  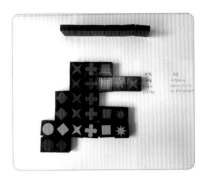

1 將所有棋子放入袋子，每個玩家抽取6顆棋。玩家皆喊出手牌中重複最多「顏色」或「形狀」的數量，由最數字最大者開始，將剛剛喊的棋牌排在檯面。

2 每個玩家一回合可選擇1.放一顆棋子到檯面，並將手牌補回6顆。2.放兩顆以上的棋子到檯面，但必須同顏色或同形狀，棋子必須在同一條線，可不相鄰。3.無棋可出可與袋子中的棋子交換，可換部分或全部。
請注意，一條「同形狀」的線只能有一顆同顏色的棋；一條「同顏色」的線也只能有一顆同形狀的棋。

3 遊戲中要一邊記錄分數，每一回合出棋所創造的新連線，每顆棋都算一分。當有玩家全數出完或玩家皆無法出棋時，即可結算分數結束遊戲。

 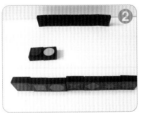

❶ 每位玩家各分7個棋子，並出一個棋子到場上。
❷ 如果分到的棋子有跟場上的棋子顏色或形狀相同的，就拼在旁邊。並抽取新的棋子。
❸ 輪下一位玩家。
❹ 如果沒有棋子可以連接就算輸了。

16

【My First Sudoku （數獨）】 找出規則吧！

　　Sudoku源自日語，意思是「獨立的數位」，遊戲由9×9共81個格子組成，每排必須填入1～9的數字，不能重複。幼兒玩的數獨難度經過調整，以4×4、6×6的格子組成。在不斷嘗試找出規則性的解題過程中能培養出孩子的專注力。

- ● **基礎概念**　認識資料分析與比較
- ● **目標概念**　應用資料分析與比較

　**確認基礎概念**

依照數獨的規則排列圖案吧！
空格內該放什麼植物呢？

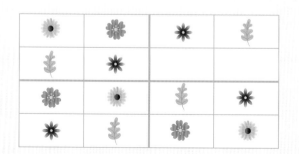

（答案請參考P224）

 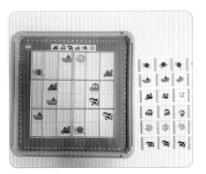 

1 抽一張題目卡，並放入塑膠板中。

2 觀察題目卡上有哪些圖案。

3 仔細思考後開始排列圖案，橫排、直排以及粗框裡的圖案都不能重複。

4 完成後檢查有無違反規則。

用其他方法來玩

❶ 做出3×3格子的空白紙。

❷ 正中央寫上數字「5」。

❸ 在空格中填入除了5以外1～9的數字，讓橫排、直排和對角線的總和一樣。

17

測出心愛
玩偶的重量

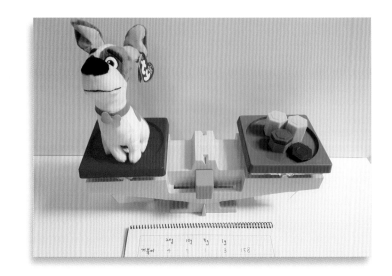

　　對孩子來說，「重量」是比「長度」、「大小」更難理解的測量單位。但是測量重量的工具能激起孩子的興趣。使用幼兒教具的天平和法碼來測量孩子喜歡的玩偶有多重，有助於熟悉「比較」的概念。

● **基礎概念**　認識比較與測量重量
● **目標概念**　應用比較與測量重量

　確認基礎概念

下面圖中，小鳥比較重還是貓咪更重呢？

（答案請參考 P224）

1 準備3個重量有差別的物體 A、B、C。

2 將A和B放上天平兩側，比較兩者的重量。

3 將B和C放上天平兩側，比較兩者的重量。

4 讓孩子先想想放上A和C後天平會如何變化，然後再測量重量。

用其他方法來玩

1 準備3個重量有差別的物體A、B、C。

2 將A放上天平，另一側放上法碼或積木。調整法碼或積木的數量，讓天平達到平衡。

3 在紙上記錄法碼使用的數量，用這方法就能知道A的重量。

4 用同樣的方式測量B和C的重量，然後比較3個物體的重量。

解答

1 用「生活物品」就能玩的數學遊戲

	確認基礎概念	確認遊戲內容
01	用基數或序數來數數皆可	5間
02	讓孩子利用手指	2顆
03	3	4顆
04	用基數或序數來數數皆可	7、9 / 5、7
05	3隻	3隻
06	7 / 2	4
07	56	2串又3個 / 35
08	9顆	小花8分、小明14分
09	13顆	小花18分、小明16分，小花贏！
10	13顆	小花8、小明10，小明的數更大！
11	13顆	16
12	3顆	10元
13	4根 / 10根	18根
14	◆ ▮	⬢
15	▲ ◀	3支
16	(圓柱圖)	(圓柱圖)
17	(圓錐圖)	(圓柱圖)
18	2 / 4 / 3	★
19		7個
20		(方格圖) ← 這裡！

21	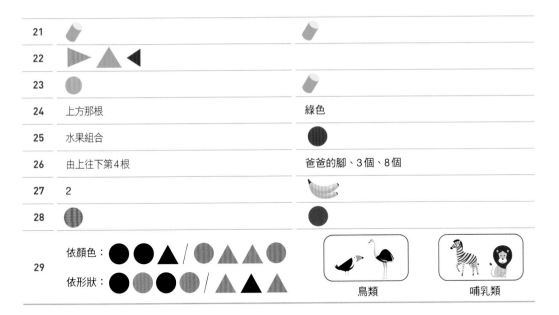		

21		
22	▶ ▲ ◀	
23		
24	上方那根	綠色
25	水果組合	
26	由上往下第4根	爸爸的腳、3個、8個
27	2	
28		
29	依顏色：●●▲ / ◐▲▲◐ 依形狀：●◐●◐ / ▲▲▲	鳥類　　哺乳類

2　準備好「紙跟筆」就能玩的數學遊戲

01	7	6
02	氣球	第5個
03	9 / 3	8
04	7顆 / 7	3+7
05	6	10
06	7 / 19	49
07	58	45 55 65 72　73　74　75
08	79	36 37 38 39 40 46 47 48 49 50 56 57 58 59 60 66 67 68 69 70 76 77 78 79 80

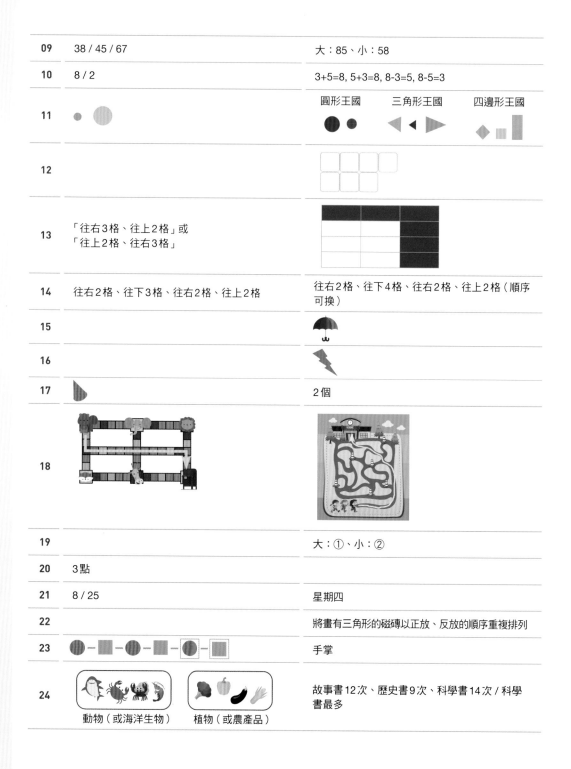

09	38 / 45 / 67	大：85、小：58
10	8 / 2	3+5=8, 5+3=8, 8-3=5, 8-5=3
11		圓形王國　三角形王國　四邊形王國
12		
13	「往右3格、往上2格」或「往上2格、往右3格」	
14	往右2格、往下3格、往右2格、往上2格	往右2格、往下4格、往右2格、往上2格（順序可換）
15		
16		
17		2個
18		
19		大：①、小：②
20	3點	
21	8 / 25	星期四
22		將畫有三角形的磁磚以正放、反放的順序重複排列
23		手掌
24	動物（或海洋生物）　植物（或農產品）	故事書12次、歷史書9次、科學書14次 / 科學書最多

25	●●●● ▲▲▲	左：藍色、右：三角形
26	依形狀： 依顏色：	

27	草莓 / 5人					
		0	1 1 1	1 1 1	5	0
	3		▨	▨	▨	
	1		▨		▨	
	3		▨	▨	▨	
	1		▨		▨	
	3		▨	▨	▨	

③ 戶外時間也能盡情玩數學

01	3+7	8+2 / 2+5+3
02	3張 / 6、10	6隻 / 12隻
03	3個	猴子
04		26、38
05		
06	8	
07	6 / 9	17
08	14, 18	15和16
09	3, 6, 9	拍手：3、6、9、12、15、18 / 蹦：10、20
10		往右2格、往下4格、往右2格、往上2格（順序可換）
11		郵局
12	紅色	狗狗家
13	大：藍色 / 小：黃色	黃色
14	綠色	
15	昆蟲　　 植物	

確認基礎概念

01	1+4和2+3
02	1, 5, 7, 11
03	1+2+7, 1+4+5
04	4 / 6
05	1+9+10、2+8+10、3+7+10、4+6+10等
06	60 / 32 / 82
07	16和20之間
08	任意做出三角形和四邊形即可

09		10	
11		12	
13		14	

15	

16	

17	貓咪

	七巧板
01	
02	
03	

（註：除了這三個形狀，七巧板還可以拼出多種形狀）

附錄

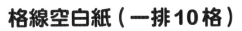

格線空白紙（一排10格）

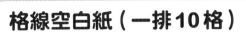 **格線空白紙（一排10格）**

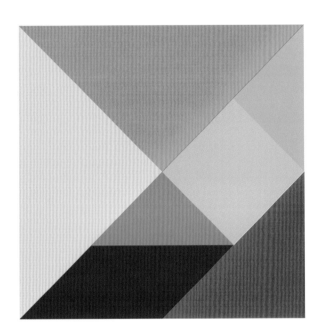

（可將前頁七巧板裁下，
試著拼出挑戰圖形。
答案請參考P225）

作品名稱：＿＿＿＿＿＿

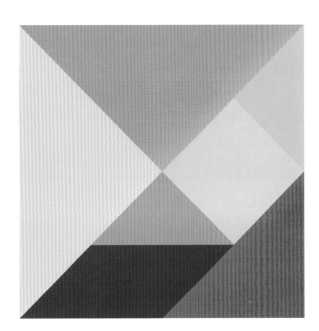

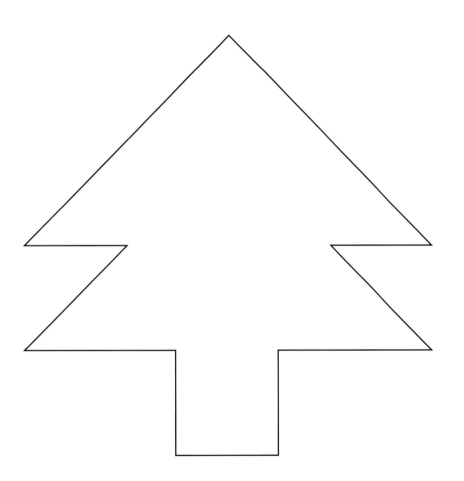

（可將前頁七巧板裁下，
試著拼出挑戰圖形。
答案請參考P225）

作品名稱：＿＿＿＿＿＿

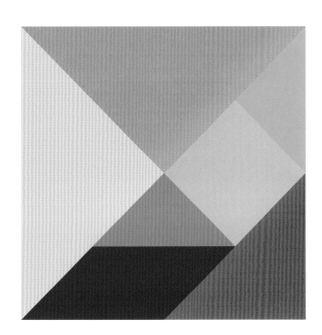

作品名稱：＿＿＿＿＿

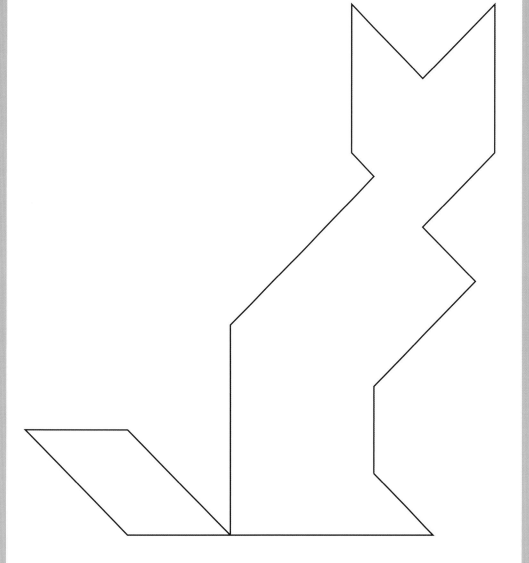

（可將前頁七巧板裁下，試著拼出挑戰圖形。

答案請參考 P225）

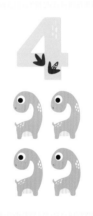

連連看三角形

美の玩藝 10

專為孩子設計的 可愛黏土大百科

作品，提升孩子創意力×專注力

金旼貞／著

2800萬 家長熱推！

超人氣黏土教學講師 金旼貞／著

專為孩子設計的
可愛黏土
—— 大百科 ——

從基礎到進階，收錄12主題157款作品，
提升孩子創意力×專注力

虎虎
強力推薦
（知名佈置畫插拆）

幼教老師の日常 版主｜幼教老師之創意大發現 版主｜Mr.Pocket 黏土手作職人｜
每天都要一起玩 STEAMxPlay｜親子社群創辦人 吳念祺｜奇威專注力教育中心 廖笙光執行長

作 者 / 金旼貞　定 價 / 649 元
ISBN / 9789861304700

擔心孩子陷入 3C，侷限腦力發展？
送孩子學手作，一堂課就千元起跳？
精選黏土課 157 款最超值的作品，
讓收服 2800 萬家長的黏土教學YouTuber「金旼貞」，
告訴你如何陪孩子提升創意力、協調力，
一天 30 分鐘玩出聰明大腦！

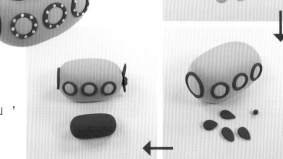

完成！

一張紙玩出
創造力×邏輯力×專注力！

專為孩子設計的
創意摺紙
大全集

四方形大叔／著

10大
可愛主題
×
175種
趣味摺法

誠摯推薦
親子部落客 **1+1=3・小Yo之家**
手工書達人 **王淑芬**
知名部落客 **幼教老師の日常**
親職教育講師 **魏瑋志(澤爸)**

作　者 / 四方形大叔（李源杓）
定　價 / 499 元
ISBN / 9789866220364

YouTube 百萬點閱「四方形大叔」教你
用一張紙取代手機平板，透過吸睛豐富的趣味主題，
引領孩子進入「創意啟發 × 邏輯思考 × 專注培養」
綜合能力的訓練，
啟動孩子的腦內升級，成就感滿分，越玩越聰明！

完成！

底部往上摺

兩側尖角往後收，
修飾臉型。

上下尖角往後收

台灣廣廈 國際出版集團
Taiwan Mansion International Group

國家圖書館出版品預行編目（CIP）資料

這樣學超好玩！第一本親子互動數學遊戲：專為學齡前孩子＆忙碌家長設計！用家中「生活用具」玩出數感、愛上數學的88款遊戲提案 /全嬡萩著；李潔茹翻譯. -- 初版. -- 新北市：美藝學苑，2021.03
　面；　公分.
ISBN 978-986-6220-37-1
1.數學教育　2.學前教育

523.23　　　　　　　　　　　　　　　　　　　109022070

美藝學苑

這樣學超好玩！第一本親子互動數學遊戲
專為學齡前孩子＆忙碌家長設計！用家中「生活用具」玩出數感、愛上數學的88款遊戲提案

作　　　者／全嬡萩　　　　　　編輯中心編輯長／張秀環·編輯／黃雅鈴
翻　　　譯／李潔茹　　　　　　封面設計／曾詩涵·**內頁排版**／菩薩蠻數位文化有限公司
　　　　　　　　　　　　　　　製版·印刷·裝訂／東豪·弼聖·秉成

行企研發中心總監／陳冠蒨　　媒體公關組／陳柔彣
　　　　　　　　　　　　　　綜合業務組／何欣穎

發　行　人／江媛珍
法律顧問／第一國際法律事務所 余淑杏律師·北辰著作權事務所 蕭雄淋律師
出　　　版／台灣廣廈
發　　　行／台灣廣廈有聲圖書有限公司
　　　　　　地址：新北市235中和區中山路二段359巷7號2樓
　　　　　　電話：（886）2-2225-5777·傳真：（886）2-2225-8052

代理印務·全球總經銷／知遠文化事業有限公司
　　　　　　地址：新北市222深坑區北深路三段155巷25號5樓
　　　　　　電話：（886）2-2664-8800·傳真：（886）2-2664-8801
郵政劃撥／劃撥帳號：18836722
　　　　　　劃撥戶名：知遠文化事業有限公司（※單次購書金額未達1000元，請另付70元郵資。）

■出版日期：2021年03月　　　　版權所有，未經同意不得重製、轉載、翻印。
ISBN：978-986-6220-37-1